JN412145

안 동
문 화
100선

●③③

권
두
현權斗鉉

안동에서 태어나, 경희대학교 행정학과를 졸업하고, 안동대학교 대학원에서 민속학 박사과정을 수료하였다. 공동체 문화가치에 천착해 문화지킴이 운동, 문화예술 사회적 기업, 창작 상설공연, 유네스코 자문기구 IMACO 등을 조직하고 활동하였다. 그간의 활동을 정리하면서 축제, 매력, 놀이, 재미 등을 화두로 공부하고 있다.

안동 간고등어

권두현 글

민속원

안동간고등어

차례

01

머나먼
간고등어길

영덕 강구항 사진: 류종승

안동간고등어가 되기 위한 여정

2000년 8월 말 여름, 새벽 강구항이 갑자기 시끄러워졌다.

흰옷을 입은 청년들이 등짐을 매고, 농법 발달로 거의 보기 어려웠던 소달구지가 보이고, 소들이 소리를 지르기 시작했다.

강구항 명물인 대게와 관련된 이벤트일까? 그러나 대게는 어디에도 보이지 않았다. 강구항 어판장에서 대게를 유통시키던 중계인들이 궁금한 듯 하나둘씩 소달구지 근처로 얼굴을 내민다. 부지런한 강구의 대게 판매상 아줌마들도 힐끗힐끗 흰옷의 청년들을 쳐다본다.

아침 해의 기운이 강구항을 옅은 붉은빛으로 물들일 때 농악이 시작되고, 항구에서 불어오는 바람에 섞인 소금 냄새와 어울려 묘한 하모니를 만들어 낸다. 휘몰이 장단으로 한차례 열기를 올리고, 농악가락이 다시 길굿으로 바뀌면서, 소달구지와 등짐장수 분장을 한 청년들이 움직이기 시작했다.

강구항 빈터에서 시작된 행렬은 강구 공판장을 거쳐 영덕군청으로 향한다. 아직도 사람들은 이 행렬이 어떤 행렬인지 궁금하기 이를 데 없다. 천천히 그러나 분주하게 움직인 소달구지가 정거한 곳은 영덕군청이다. 그리고 이들이 기념 촬영을 위하여 펼친 현수막에는 "동해에서 챗거리까지 - 안동간고등어"라는 문구가 커다랗게 적혀있다. 사람들은 그제야 이 행렬이 내륙으로 고등어를 이동하는 이벤트라는 것을 알고 고개를 끄덕인다. (주)안동간고등어가 후원하고 민예총 안동지부가 주관한 간고등어길 체험행사였던 것이다.

소달구지와 보부상 차림을 한 참여자들은 영덕군청을 출발하여 안동으로 발걸음을 시작한다. 이들의 목적지는 멀리 안동시 임동면 챗거리 장터였다. 챗거리 시장까지의 길은 영덕에서 약 150리 길이다. 보통사람의 걸음걸이로 15시간 정도 걸리는 거리이다.

영덕에서 시작된 길은 용추폭포를 지나 황장재를 넘어 신촌에 접어든다. 신촌 약수탕을 지나면 곧바로 보이는 장터가 청송 진보시장이다. 황장재는 영덕과 안동으로 오는 길 가운데 가장 험하고 높은 고개이다. 많은 보부상이 고등어와 해산물을 이고 지고 이 고개를 넘었다. 황장재 고갯마루에 서면, 안동까지의 길 반을 왔다고 모두가 안도한다. 전통사회에서 간고등어를 지고 가는 보부상을 이곳 영해 울진사람들은 바지개꾼, 선질꾼, 등금장수 등으로 불렀다. 바지게꾼 즉 보부상은 물건을 나르는 도구로 대부분 지게를 사용했는데, 일반적인 농군이 사용하는 지게와 달리, 먼 길을 이동할 때 무게를 줄이기 위하여 지게 하부를 잘라서 단출하게 만든 지게를 사용했다. 그래서 쉴 때도 지게를 메고 쉬거나, 지게 하부를 높은 곳에 걸친 후 서서 쉬었다.

2000년 8월에 진행된 간고등어 운송 풍속 재현 사진

바지게꾼들이 간고등어를 지고 어렵게 황장재를 올라 고개에서 쉬고 있으면, 오가는 많은 사람들이 와서 고등어 가격을 물었다고 한다. 동해에서부터 고등어를 지고 온 바지게꾼은 처음에는 대답해 주다가, 이 사람 저 사람이 간고등어만 보면 가격을 물어오니, 힘들고 귀찮아서 "인제 고마 내가 물을테니 당신이 여기서 대답하소·…." 그러면 사람들이 눈치를 보고 다시 묻지 않았다고 한다. 안동대학교(현 경국대학교) 민속학과를 만든 고 성병희 교수가 황장재를 넘어오면서 해 준 이야기이다.

황장재를 넘은 선질꾼은 걸음을 재촉하여 신촌에 도착한 후 시원한 약수를 먹으면서 간고등어 판매를 고민하기 시작한다. 어렵게 지고 온 간고등어를 진보시장에서 팔고 돌아가야 하나, 조금 더 고생을 해서 안동의 길목인 챗거리 장터까지 가야 하는가를 판단해야 하기 때문이다.

진보시장은 영양 쪽에서 넘어오는 해산물과, 영덕, 강구 구룡포에서도 오는 어물이 모이는 길목에 해당되기에 해산물을 흔하게 보는 시장이니만치 어물 가격이 상대적으로 싸다. 그러나 챗거리 장터는 보다 내륙쪽이어서 간고등어의 가격을 진보시장보다 더 받을 수 있다.

진보시장에서 안동 챗거리 장터까지는 근 30리가 넘는 길로 특히 가랫재를 넘어야 한다. 황장재만큼 높지 않지만, 가랫재 역시 쉽지 않은 고개로 나름의 긴 여정이다. 반면 진보시장에서 다시 영덕까지의 길은 가깝기 때문에 진보시장에서 고등어를 팔면 가뿐한 마음으로 돌아갈 수 있다.

고민은 길지 않다. 간고등어는 안동에 입성해야 제대로 대우 받기 때문이며 고등어가 잡히면 꼭 가지고 오라는 챗거리장의 마방주인과의 약속도 어길 수가 없다. 더 높은 가격, 더 맛있는 간고등어를 위하여 바지게꾼은 내륙의 본격적인 관문 챗거리 장터로 발걸음을 옮기기 시작한다. 이미 해가 넘어가고 있어 몸은 무거워 오고, 가랫재 위에는 달빛이 노닌다. 오늘따라 유난히 달그림자도 길다.

간고등어는 간이 배야 맛있다. 간이 밴 고등어는 충분히 시간이 지나도 상하지 않는다. 챗거리 장터로 진입하는 도중에 고등어의 간이 더 찰지게 배고, 염수도 빠지면서 맛도 좋아진다. 안동간고등어로 다시 태어나는 것이다.

'챗거리 장터'

동해에서 시작된 여정은 빠르면 하루 종일 늦으면 하루 반나절을 넘겨 챗거리 장터에 도착한다. 그동안 간고등어는 간이 깊어져 간고등어 본연의 맛으로 다져진다.

챗거리장은 우마차를 끄는 소와 말을 통제하기 위하여 채찍소리가 끊어지지 않는다 하여 붙여진 이름이다.[1] 동해 방면에서 오는 우마차에는 대부분 해산물과 소금이 실려있고, 내륙에서 동해로 가는 우마차에는 농산물이 실려있다.

바지게꾼은 지게로, 보다 큰 규모의 상인들은 우마차를 이용하여 고등어와 소금 등 해산물을 챗거리 장터까지 이동시킨다. 챗거리에 모인 해산물은 다시 안동, 의성 비안, 멀리로는 순흥지역까지 유통되었다. 말하자면 동해에서 출발한 간고등어는 먼저 챗거리에서 유숙한 후 다시 안동을 비롯한 내륙으로 흩어졌던 것이다.

챗거리장은 북부지역 최대의 장이었다. 전통사회 장은 통상 5일을 주기로 열리는데, 인구규모와, 이웃 장터까지의 거리 등에 따라 장이 형성되었다. 그런데 챗거리장은 경북 내륙에서 지리적으로 소외된 지역이었고, 동해안의 해산물이 들어오는 길목이었다는 점 때문에 경북 북부권 최대의 상권을 유지한 장터였다. 그리고 바다와 내륙의 교차로였던 최대의 시장 챗거리장의 중심에는 마방이 있었다.

1 안동민속박물관, 『안동의 지명유래』, 2002, 359쪽.

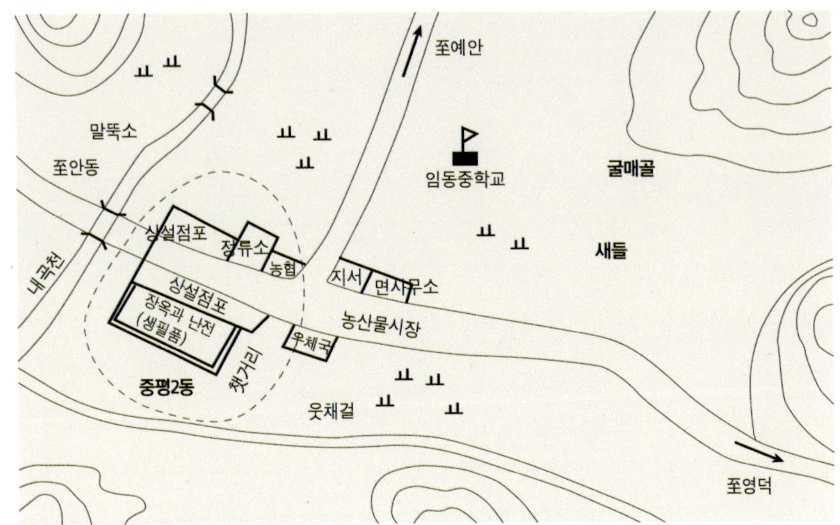

1900년대 중반 챗거리 장터[2]

전통사회 여각旅閣의 한 종류인 마방은 곡물, 어염, 해산물 등을 위탁판매하거나 거간을 두고 매매를 알선하는 활동을 주로 하였다.[3]

챗거리장에는 4곳의 마방이 있었다고 어른들은 기억한다. 마방마다 마굿간이 있어 소와 말은 100필 정도를 수용할 수 있었고, 숙박기능을 갖추고 있어서 상인이나 보부상도 100명 정도 유숙할 수 있었으며, 창고가 있어서 해산물과 농산물을 저장할 수 있는 기능도 가지고 있었다고 한다.[4] 전통사회의 상업유통 규모로 볼 때 챗거리 장터에는 4개의 거대 유통회사가 있었다고 볼 수 있으며, 이들에 의하여 동해에서 잡힌 간고등어를 비롯한 해산물은 안동을 중심으로 비안(의성), 순흥, 예안 등 경북 북부 내륙 깊숙한 곳까지 유통된 것이다. 해산물의 안정적인 공

2 최성기, 『朝鮮後期 地方商業 硏究 -冊街(챗거리) 魚物場을 중심으로-』, 영남대학교대학원 박사학위 논문, 123쪽.

3 정승모, 『시장의 사회사』, 웅진출판, 1992, 116쪽.

4 최성기, 앞의 논문, 125쪽.

급과 매매를 위하여 마방과 동해의 어부들은 신뢰를 기반으로 한 계약 관계로 묶여있는 경우가 많았고, 마방은 챗거리로 모인 해산물을 경북 북부권으로 이동시킬 때 인근 주민들에게 임금을 주고 수송하기도 했다고 한다.[5]

선어鮮魚 즉 살아있는 고등어는 아무리 관리를 잘하여도 하루를 넘기지 못하고 상한다. 그래서 동해에서 잡힌 고등어를 내륙으로 이동하기 위해서는 고등어의 내장을 제거하고 소금을 진다. 그러나 전통사회에서 소금 가격이 만만치 않기 때문에 염장을 한다 하여도 매우 얕게 하며, 챗거리장에 도착한 고등어는 다시 염장을 해야 한다. 말하자면 동해에서 온 고등어가 안동간고등어가 되기 위해서는 다시 간을 먹지 않을 수 없었던 것이다.

챗거리에서 다시 소금으로 힘과 맛을 얻은 간고등어는 간고등어의 수도 안동으로 향한다. 간고등어는 안동에 와야 비로소 간고등어로 대우를 받기 때문이

1987년 챗거리장
김복영 제공

5 이렇게 활발했던 챗거리 장터는 일제강점기를 거치면서 장세가 축소되는데, 챗거리 장터를 연구한 최성기는 마방 등 유통을 담당한 상인들이 3.1만세운동에 적극적으로 가담한 것도 챗거리 장세의 축소 원인 중 하나라고 진단하였다.

다. 안동에 도착한 안동간고등어는 손님을 맞이하는 접빈 상에서 그 맛을 뽐내거나, 종가의 제사상에 올라 정성을 대신하거나, 마을민들의 안위를 기원하는 동제의 제물로 기능하면서 각별한 대우를 받는다.

동해 해산물을 먹이로 자란 고등어가 육지에서 대우받기 위해서는 간을 먹으며 먼 길을 가야 한다. 그 생장의 길이 동해에서 안동까지의 길이다. 황장재를 넘고, 가랫재를 넘어 챗거리를 지나면서 동해가 고향인 고등어는 안동 간고등어로 다시 탄생하며, 동해 고등어가 역경을 거치면서 오는 길이 바로 한국의 '간고등어길'이다.

일본에도 '간고등어길'이 있다

동해에서 안동까지가 한국의 간고등어길이듯 일본에도 간고등어길이 있다.

일본 바닷가에서 잡힌 고등어는 염장을 한 후 내륙으로 이동되는데, 다양한 노선이 있었지만 가장 대표적인 이동 통로가 교토京都와 후쿠이현福井県 오바마小浜를 잇는 길이다. 일본인들은 이 길을 "사바카이도鯖街道" 즉 고등어길로 부르고 있다.

사바카이도鯖街道 즉 일본 고등어길은 에도시대(1603~1867) 이전부터 간고등어가 다닌 길이다. 이 길은 일본 동해의 작은 항구도시 오바마에서 당시 일본의 중심 도시였던 교토까지 이동하는 길로 거리는 90~100km 정도이다.

오바마에서 교토까지 간고등어를 나른 사람들은 고등어를 잡은 어촌 마을 사람들, 그리고 한국의 보부상과 같은 행상들도 많았다. 군집을 이룰 때도 있지만, 개별적으로 이동하는 경우도 흔했다고 한다. 대부분 남성이었지만, 여성도 적지 않아 고등어가 나는 시기 간고등어길에는 늘 사람들이 붐볐다. 남성의 경우 주로 천칭봉天秤棒(てんびんぼう)을 이용하여 간고등어를 날랐고, 여성의 경우는 머리에 이거나 안고 가는 경우도 있었다. 참고로 천칭봉은 어깨에 막대기를 메고 양 끝

에 바구니 혹은 간고등어를 담은 그릇을 매달아 균형을 유지하면서 짐을 나르는 도구이다. 주로 무거운 짐이나 장거리 혹은 산길 운반에 적합한 일본의 대표적인 운송도구이다. 오바마에서 교토로 가는 간고등어길은 평지도 있지만 산지 등 불편한 길이 많아 고등어를 나르는 사람들은 천칭봉을 어깨에 메고 손을 이용하여 덤불이나 길을 헤치면서 교토로 갔다.

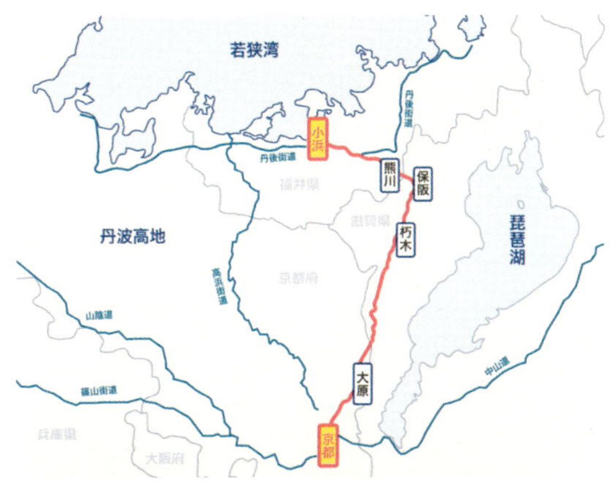

◂ 일본의 간고등어길
▾ 오바마시 〈사바카이도(鯖街道) 박물관〉

오바마시는 전통적으로 교토와 나라의 식재료를 공급하는 도시였고, 특히 고등어를 비롯한 해산물의 주 공급처였다. 즉 간고등어길을 통하여 다양한 식재료가 교토로 공급되었고, 그중 가장 중심이 된 어물이 바로 간고등어였던 것이다.

오바마에서 잡힌 고등어는 소금과 식초 때로는 다시마 등으로 염장되어 간고등어로 다시 태어났고, 간고등어길을 통하여 이동하는 과정에서 염수가 빠지고, 자연숙성이 진행되어 아주 맛있는 간고등어로 재탄생한다.[6] 이렇게 교토에 도착한 간고등어는 시메사바締鯖라는 숙성 고등어 혹은 절임 고등어 요리로 발전하였다. 시베사바는 소금에 절이고, 다시 식초에 담가 숙성시킨 고등어 요리이다. 교토에서는 안동과 마찬가지로 바다에서 잡은 생고등어보다는 소금과 기후에 숙성된 맛을 더 선호한다. 시메사바는 바로 그러한 문화적 풍토를 대표하는 요리인 것이다. 말하자면 시메사바는 간고등어길이 만든 문화음식인 것이다.

고등어초밥鯖寿司은 시메사바의 발전된 형태 혹은 특별한 요리라고 볼 수 있는데, 이 요리는 교토에서 접빈행사, 문화행사에 빠지지 않고 등장하는 음식이기도 하다.

교토의 대표적 요리인 시메사바나 고등어초밥은 오바마에서 먼 길을 걸어서 도착한 간고등어가 중심이 되는 요리이다. 말하자면 교토 모든 행사에서 빠지지 않고 등장하는 대표적인 문화음식이자 교토의 상징음식이 간고등어 요리인 것이다.

이것은 마치 안동의 대표음식이 안동간고등어가 된 것과 유사한 측면이 있으며 그 문화적 형성과정도 비슷하다. 즉 일본에서 오바마 - 교토 - 시메사바 - 축제요리로 이어지는 일련의 문화 연결고리는 한국에서도 동해(영덕) - 안동 - 안동간고등어 - 안동간고등어축제로 이어지는 일련의 문화현상과 비교되고 대비된다. 덧붙여 안동이 한국 전통문화를 대표하는 도시이고, 교토가 일본 전통문화를 대표하는 도시라는 점과 안동의 안동간고등어나, 일본 교토의 시메사바는 간고등

6 이것은 동해에서 안동까지 이동하는 과정에서 맛있는 안동간고등어로 변하는 것과 동일하다.

어길이 만든 자연환경의 산물이며, 문화적인 입맛이자, 바다와 내륙의 교류가 만든 역사적인 음식이라는 점도 흥미롭다.

이를 도표로 보면 다음과 같다.

국가	한국	일본
시점 - 종점	영덕(동해) - 안동	오바마(일본동해) - 교토
거리	80~90km	90~100km
운송 수단	바지게, 우마차	주로 天秤棒(てんびんぼう)
대표 요리	안동간고등어	시메사바
축제	안동간고등어축제(2011년 시작)	鯖寿司大博覧会(2024 단년)
제의 요리	제사음식(제물)	鯖寿司(행사음식의 대표)

간고등어를 통한 문화 교류

(주)안동간고등어 창업자 중 한 사람인 류영동은 안동간고등어 상품을 홍보하기 위하여 다양한 프로그램을 만드는데, 그중 하나가 간고등어길을 걷는 이벤트였다. 안동간고등어가 문화상품으로 다시 만들어진 1999년 여름 "동해에서 챗거리까지"라는 체험 행사가 언론과 방송에서 조명받자, 일본 간고등어길 체험에도 나선 것이다.

일본 간고등어길 체험프로그램은 일본에서 오래 체류하면서 일본문화에 관심이 컸던 최종섭의 역할이 컸다. 안동에 정착한 최종섭은 일본과 한국과의 교류를 다양하게 모색하였고, 그런 가운데, 일본 광고대행사 서울사무소장을 지낸 마미야 다케미와 교류하게 된다. 마미야 다케미는 최종섭을 통해 한국과 일본에 간고등어길이 있다는 것을 알게 되었고, 류영동과 연결되면서 한 · 일 간고등어길을 걷는 이벤트가 만들어진 것이다.

두 사람은 2005년 안동 - 영덕 간고등어길을 걸었고, 같은 해 10월 31일 일본 교토에서 출발하여 오바마까지 약 90km의 일본 간고등어길 즉 사바카이도를 지게에 간고등어를 담고 완주하였다. 두사람이 방문한 마을에서는 환영의 잔치가 벌어졌고, 이 과정은 일본의 방송국 프로그램으로도 제작 · 보도되었다.[7]

일본 방송에 보도된 한일교류 간고등어길 걷기 행사

7 아쉽게도 함께 간고등어길을 걸었던 두 사람은 독도문제로 갈등이 생겨 교류가 끊어졌다고 한다.

02

안동 간고등어의 탄생

문화의 산물

간은 소금이다.

간이 맞지 않은 음식은 맛이 없다. 그래서 '간이 맞다'는 말에는 소금기가 알맞은 음식이라는 말과, 맛이 밴 맛있는 음식이라는 중의적 의미가 있다. 그래서 '간고등어'라는 단어에서 간은 '염장鹽藏'이라는 뜻이지만, 깊이 살펴보면 '음식 맛이 숙성된' 이라는 뜻도 포함하고 있다. 따라서 간고등어란 염장한 고등어이자, 맛이 깊이 배어있는 고등어이다.

바다의 고등어는 바다에 사는 생물을 먹이로 하고 있지만, 안동간고등어는 간을 먹이로 한다. 간을 충분히 먹어야 간고등어는 맛이 있고, 간을 먹지 않으면 간고등어가 될 수 없다. 그리고 안동간고등어는 안동으로 오면서 맛이 밴 간고등어를 말한다. 그래서 안동간고등어는 바다에서 잡힌 고등어와 그 태생이 다르다.

말하자면 바다에서 잡힌 고등어가 자연이 만든 산물이라면, 간고등어는 문화가 만든 산물이다. 그리고 그 문화가 만든 산물 간고등어의 메카가 안동이며 그래서 '안동간고등어'는 간고등어를 대표하는 이름이다.

간고등어가 되는 길

고등어를 간고등어로 다시 태어나게 만드는 방식은 잡은 고등어의 배를 가르고 내장을 제거하는 것에서 시작된다. 전통사회 고등어는 나름 귀한 음식이었기에 제거된 내장은 국거리 등으로 사용되는 예도 빈번했다. 특히 고등어알은 귀한 음식으로 여겨져 특별히 취급되었다고 한다. 내장을 제거하지만, 머리를 그대로 두는 경우가 많았다. 머리가 붙어있어야 상품성이 있다고 여겼으며, 머리 자체도 좋은 음식이였기 때문이다.

내장을 제거한 후 물에 씻어 흐르는 피도 제거하고 고등어 외피막도 제거한다. 핏물을 잘 빼야 염장을 하였을 때 비린내가 나지 않는다고 한다.[8] 즉 고등어에 남은 바다의 흔적을 없애고 깨끗하게 만든 후 육질만 남은 고등어에 새로운 먹이인 '간' 곧 소금을 먹인다.

소금을 먹은 고등어는 소금과 고등어의 액즙이 섞인 소위 '어즙'이 생기는데, 돌이나 기타 무거운 것으로 고등어를 눌러서 이것을 빼주어야 한다. 소금이 섞인 어즙은 맛을 떨어뜨리고 그 냄새로 인하여 벌레들이 몰려들기 때문이다. 어즙이 빠진 고등어는 햇볕이 들지 않고 통풍이 잘되는 곳에 보관하여 건조한다.

고등어에 간 즉 소금을 먹이는 방식은 두 가지가 대표적이다.

가장 쉬운 방식이 잡은 고등어의 배를 가르고 내장을 제거한 곳에 굵은 소금을 넣는 방식이다. 특히 배 속, 아가미와 꼬리 부분에 많은 소금을 치는데, 이것은 칼이 닿은 부분과 고등어가 움직이는 부위부터 육질이 빨리 상하기 때문이다.[9]

간을 친다는 것은 결국 고기를 상하지 않도록 하여 저장하고, 오래 보관하기 위한 것이다. 고등어에 굵은 소금을 직접 뿌리는 것은 가장 간편하고, 누구나 쉽게 할 수 있는 방법이어서 어부들이 고기를 잡아 보관하고 싶으면 소금을 친 후 바람이 잘 통하는 곳에 고기를 둔다.

그런데 소금 가격은 쌀 혹은 수수에 준하는 비싼 것이었다. 바닷가에서는 바닷물을 증발시켜 부분적으로 소금을 얻기 쉬웠으나, 이것 또한 나무 등 재료가 많이 들어가는 까닭에 내륙에 비해서 상대적으로 소금이 풍부하고 가격이 낮았다는 것이지, 바닷가라고 해서 소금값이 싸고 풍부한 것은 아니었다. 따라서 어촌에서도 손으로 쉽게 잡을 수 있는 어류보다 가격이 비쌀 수 있는 소금을 많이 사용하기보다는 바람이 선선한 곳에 적은 소금으로 보관을 길게 하는 방법을 선호한 것이다.

---

8 안동대학교 민속학연구소, 『장터의 풍경이 생동하는, 안동 중앙신시장』, 민속원, 2024, 182쪽.

9 안동 중앙신시장에서는 간을 친 고등어를 상자에 담는 경우 상자 속에 고등어를 정돈한 후 한번 소금을 친다. 이것을 '고등어 등에 소금 친다'고 하며, 이렇게 하면 고등어가 마르지 않으면서 푸른색을 유지할 수 있다고 한다.

고등어에 간을 치는 또 하나의 방식은 바닷물에 소금을 풀고, 고등어를 염장하는 방법이다. 잡은 고등어가 상하기 전에 배를 가르고 내장을 꺼낸다. 세척하여 고등어 피를 제거하는 등 고등어를 깨끗하게 만든 후 소금을 푼 물에 담가 둔다. 물에 있는 소금기가 충분히 고등어에 스며들었다고 판단되는 시간이 경과한 후 고등어를 꺼내면 상품의 간고등어가 된다. 이렇게 물에 담가 간고등어를 만드는 방식을 '물간'이라고 한다.

소금을 직접 고등어에 치는 방식은 소금에 닿은 부위는 짜고, 그렇지 않은 부위는 상대적으로 싱거워진다. 즉 부위별로 염도가 달라진다는 것이다. 그러나 물간으로 간고등어를 만들면 염도가 일정하고, 부위별로 맛도 살아있어 전통적으로 물간을 선호하였다. 그럼에도 모든 간고등어를 물간으로 하지 않은 것은 물간을 할 경우 염도를 높이기 위해서는 소금을 많이 사용하여야 하기 때문에 비용이 많이 소요되고 시간도 많이 걸리며, 상대적으로 손이 많이 가기 때문이다.

간잽이 이동삼은 고등어를 잡자마자 간을 하는 것이 가장 맛이 있고, 물간을 하는 것이 다음으로 맛이 있고, 소금을 직접 치는 것이 가장 쉽지만 맛을 내기는 어렵다고 하였다.

간잽이 이동삼의 말처럼 간을 치는 시기도 중요하다.

고등어를 잡은 직후 바로 간을 할 경우 가장 맛있는 간고등어가 만들어진다. 고등어를 잡고 바로 간을 하면 싱싱한 육질에 간이 적당하게 배어 고등어 맛을 한결 돋보이게 한다는 것이다. 그런데 고등어는 성질이 못되서 (현지 어민들의 말이다) 잡으면 이른 시간에 죽고, 고기의 육질도 빨리 상한다.[10] 그래서 고등어 잡이 어선이 동력선이 되기 이전에는 육지에서 멀리 나가면 고등어를 잡지 않았다. 육지로 이동하는 시간이 한나절 정도라도 고등어 육질이 상하기 쉽기 때문이다.

---

10 최근 한국에 노르웨이 산 고등어가 많이 냉동된 채 수입되지만, 해동시키면 육질에 탄력이 없어 간고등어를 만들기 어렵다. 즉 고등어가 싱싱해야 간고등어로 새롭게 탄생시킬 수 있는 것이다.

소금간고등어 시연 간잽이 故이동삼

가까운 바다에서 잡은 고등어라도 잡은 직후 간을 치기는 쉽지 않다. 바닷물은 염도가 약하여 결국 또 소금이 필요하지만, 소금이 바닷물에 닿으면 녹기 때문에 어부들은 소금을 싣고 운항하기를 주저하기 때문이다.

가장 일반적인 간고등어 만드는 방식은 고등어를 잡아 육지로 이송한 직후 간을 치는 것이다. 항구에 도착한 고등어는 바로 내장을 제거하고 바닷물로 세척을 한 후 소금을 친다. 처음에는 가볍게 소금을 치지만, 이동 거리나 보관의 기간에 따라 소금의 양도 달라진다.

동해 어촌에서 생고등어나 약간의 소금을 먹은 고등어도 챗거리 등 안동으로 오기 위해서는 한 번 더 소금을 먹는 것이 일반적이다. 동해에서 온 선질꾼, 혹은 고등어 판매자는 고등어를 매매할 때까지만 고등어가 상하지 않으면 되기 때문에 소금을 많이 사용하지 않는다. 경북 북부권 소비자인 할아버지 할머니들은 장날 간고등어를 사서 집으로 가지고 와 다시 소금을 치거나, 아예 소금단지에 보관한다.[11]

바다 고등어가 육지 간고등어로 다시 태어나는 방식을 정리하면 아래와 같다.

항목	직접 소금 뿌리는 방식	소금을 탄 염수 방식
시기	고등어 신선도가 있으면 좋지만 약간 떨어져도 가능함	고등어 신선도가 좋을 때
방법	1. 고등어 세척(내장 제거, 혈류 제거) 2. 소금을 직접 고등어 부위에 뿌림 3. 칼이 닿은 부위, 꼬리 부위에 더 많은 소금을 뿌림	1. 고등어 세척(내장 제거, 혈류 제거) 2. 바닷물에 소금을 넣어 염도를 높임 3. 고등어를 염수에 담군 후 일정시긴이 경과 후 꺼냄 4. 필요할 경우 염수에 부가물을 넣을 수 있음
장점	1. 쉽고, 비용이 저렴함 2. 물간에 비해서 보관을 오래 할 수 있음	1. 간이 고등어 부위에 일정하게 적용 2. 물에 소금외 양념이 될 만한 다른 재료를 넣을 수 있음
단점	1. 상대적으로 맛이 덜함 2. 부위별로 염도가 다름	1. 시간과 과정이 복잡함 2. 소금이 많이 들어갈 수 있음

11 오상일, 『안동간고등어 한손』, 중소기업청, (사)안동간고등어생산자협회, 발간사. 필자의 어린 시절 기억에도 어머니께서 소금단지에 간고등어를 보관하는 것을 종종 보았다.

비고	1. 염장 후 기간이 지나면 다시 소금으로 염장할 수 있음 2. 염도가 있는 어즙이 빠지고 시간이 경과하면 맛이 더욱 좋음	1. 오랜 기간 고등어 보관이 어려움 2. 상대적으로 맛이 더 좋다고 알려져 있음
참조	두 방식 모두 고등어가 신선할 때 간을 치는 것이 가장 좋음	

바다 고등어가 플랭크톤, 작은 고기를 먹어 생명을 유지했다면, 간고등어는 소금을 먹어야 생명을 유지한다. 바다에 사는 고등어가 생물체이라면, 육지에 올라온 간고등어는 문화체이다. 바다가 고등어를 키웠다면, 문화가 간고등어를 키웠다. 결국 간고등어의 핵심은 문화적 강성함이다. 말하자면 안동문화의 강성함이 안동간고등어를 간고등어의 대명사로 만들었다는 것이다.

03

간고등어의
메카 안동

안동을 거쳐야 안동간고등어

영덕지역의 고등어 잡이는 『신증동국여지승람』에 "경상도 영해도호부에 고등어가 난다"는 기록이 있어 최소한 조선시대에는 고등어가 많이 어획되는 고장이었음을 짐작할 수 있다.

일제강점기 영해지역 축산항에서는 큰고등어가 잡히면 육지로 싣고 와, 염장을 한 후 보관하였다가, 판매 가능할 만큼 간고등어 물량이 쌓이면 보부상에게 팔거나 우마차로 영덕으로 싣고 가서 팔았다. 즉 축산항, 강구항에서 어획된 고등어는 산지에서 염장을 하여 영덕으로 싣고 왔으며, 영덕에서 육로로 안동-문경 등지로 운송된 것이다.[12]

영덕에서 출발하여 하루 정도 이동하여 챗거리에서 하룻밤을 지낸 간고등어는 다시 소금을 먹이로 하면서 안동으로 향한다. 안동에 도착한 간고등어는 안동의 대표적인 시장에서 소비자를 기다리거나 인근 지역으로 다시 떠날 채비를 한다.

『영가지』에 따르면 안동지역 시장은 부내장, 미질장, 옹천장, 풍산장, 내성장 등 11개의 장이 있었다고 한다. 이 중 부내장 즉 안동부에 열리는 5일장은 2일 7일에 열리는 장으로 장터는 객사 앞이었다. 안동부로 들어선 간고등어는 곧 5일장의 특성에 따라 작은 장터로 이동되었을 것으로 추정된다. 즉 풍산이나 옹천장은 3일, 8일에, 신장장은 4일과 9일에 열리는데, 2일에 도착한 간고등어는 3일에 옹천장으로, 4일에 다시 다른 장으로 이동되는 것이다. 장을 교차로로 간고등어는 골골마다 있는 가족들의 식탁을 찾아갔다.

영덕지역 간고등어 우송은 안동~영덕 구간으로 소위 신작로가 개설되면서 더 많은 물량이 더 짧은 기간에 운송된다. 안동~영덕 구간에 새롭게 길이 만들어진 시기는 1920년대를 전후한 것으로 추정되며, 1920년대를 거치면서 완성

12 한국해양문화연구원, 「경상북도 국가중요어업유산발굴 기본구상 연구보고서」, 2019, 52쪽.

된 안동~영덕 신작로로 1910년대부터 한국 어촌에 정착하기 시작한 일본 어민과 어선들로 인하여 대량으로 어획된 간고등어가 안동으로 들어왔을 것으로 추정된다.[13]

해방 이후 안동의 장시는 교통의 발달과 상권의 발달로 많은 변화를 거친다. 특히 안동지역 대표 해산물 거점으로 중앙신시장이 개장된다.[14] 동해에서 넘어온, 그리고 기차가 발달하면서 부산 등지에서 이동한 해산물 즉 어물은 대체로 중앙신시장으로 모였다.

영덕에서 주로 이동되는 안동간고등어는 1963년을 기점으로 부산으로 바뀌는 것으로 추정된다. 1963년 수산업진흥정책과 함께 부산수산시장이 조직화되되었고, 공영화, 상인협력이 이루어지면서 "부산공동어시장"이라는 형태로 발전하였다. 부산공동어시장으로 동해안 남해안 등 전국에서 잡힌 고등어가 모이면서 대형 고등어시장이 형성되었고, 이곳에서 대규모로 고등어 염장이 이루어진 것이다. 부산의 간고등어는 중앙선을 타고 안동으로 왔고, 그렇게 다시 중앙신시장으로 모여 인근으로 퍼져 나간 것이다.

지금도 안동간고등어가 가장 많이 유통되는 곳이 안동 중앙신시장이다. 이곳에는 안동간고등어를 비롯하여 안동자반고등어, 안동전통간고등어 등 많은 간고등어브랜드가 때로 협력하고 때로 경쟁하면서 안동간고등어를 유통시키고 있다.

---

13 조선총독부는 1기 치도사업(1911년~1917)에 이어 2기 치도사업(1917~1922) 계획기 노선에 2등급 도로 74.6km의 안동~영덕 구간이 나타난다. 한편 1928년 2월 22일 영덕에서는 주식회사 영덕 운송점이 개통된 충영도로(忠盈道路 ;충주~영덕)를 통해 영양 청송 안동으로 해산물과 지곡물을 유통하고 있다고 보도하고 있다. 유경상, "안동으로 산 넘고 물 건너 달려온 신작로 이야기", 경북in뉴스, 2022년 12월 30일 기사.

14 이전 안동원도심에 있는 구시장의 협소한 공간, 상권 현대화의 추세에 맞추어 1946년 경상북도로부터 상설시장 허가 승인을 받아 소위 중앙 '신시장'이 만들어졌고, 1963년 안동읍이 시로 승격되면서 더욱 커지게 되었다. 조정현, 「구(舊)와 신(新)의 역동적 변화와 소통, 안동 오일장」, 『안동학 연구』 14, 한국국학진흥원, 2015.

전국에서 잡히는 고등어가 모이는 곳 부산공동어시장 부산광역시 제공

중앙신시장에서 더 내륙으로

중앙신시장의 간고등어를 유통시킨 대표적인 기업이 "대원상회", "이창상회", "삼성상회" 등이다. 말하자면 전통사회 챗거리 시장의 기능을 현대에 들어와 중앙시장이 대신하였다면, 챗거리장 마방의 기능을 이들 유통기업이 유사하게 담당한 것이다.

대원상회의 시작은 1930년대로 추정된다.[15] 대원상회는 일제강점기에 시작하여 해방시기에는 안재원이 경영했고, 이후 김용원이, 현재는 김용원의 동생이 운영하고 있다. 대원상회를 1975년부터 경영해 온 김용원은 군위 출신이다. 그는 군대를 다녀온 후, 포항 구룡포에서 경매사 일을 하고 있었던 삼촌과의 인연으로 안동중앙신시장에 어물 판매 주재원으로 활동하면서 안동간고등어, 그리고 대원상회와 인연을 맺는다.

당시 주재원은 항구에서 잡은 어물을 지역에서 판매하는 역할을 담당하였는데, 어물은 생물이기 때문에 빨리 소비를 시키지 않으면 가격이 하락하고, 부패가 진행되기 때문에, 어물을 적절한 시기에 효율적으로 매매시키는 것이 주재원의 역할이었다, 이러한 역할 때문에 어물 도매상과 주재원의 관계는 악어와 악어새와의 관계와 비슷하여 때로 다른 주재원과의 관계 등으로 갈등하기도 하지만, 협력하여 어물을 판매한다.

김용원은 안동에서 어물 주재원으로 일하면서 마산 어물시장에서 독자적인 판촉사업도 하였지만, 실패하면서 안재원과 더욱 가까워지게 된다. 그 과정에서 자신의 성실한 활동을 눈여겨 본 안재원으로부터 대원상회 인수를 제안받고, 대원상회를 맡아 경영하게 되었다.

당시 대원상회는 도매상으로 상당한 규모를 가지고 있어, 간고등어를 저장할 수 있는 "독간"을 3칸 가지고 있었다. 독간은 고등어가 안동에 도착하여 정해진

---

15 김용원은 대원상회가 전 경영인 안재원의 선대에 시작된 회사로, 안재원의 나이를 감안하면 1930년에 시작된 것으로 추정하였다.

시기까지 팔리지 않으면 염장 즉 소금을 쳐서 보관하는 곳으로, 현재 안동교회 옆에 있었다고 기억하였다. 독간의 크기는 가로 세로 5미터정도 였고 높이는 3미터 정도 되는 매우 큰 규모였다.[16] 다른 어물 도매상도 독간을 가지고 있는지는 기억하지 못하지만, 독간을 가지지 못하면 어물 처리가 어려울 수 있기 때문에 일정한 규모의 독간을 가졌을 것으로 추정하였다.

독간은 팔지 못하는 고등어를 즉석에서 염장하여, 일시적으로 보관하는 기능도 하였지만, 여름부터 겨울 초입까지는 고등어가 많이 잡혀 가격이 쌌고, 이때 대량으로 고등어를 구입하여 염장을 하여 저장하였다가, 고등어가 잘 잡히지 않은 봄부터 여름까지의 시기가 되면 고등어 가격이 비싸지기 때문에 이때 판매를 하여 수익을 남기는 목적이 더욱 컸다고 한다.[17]

김용원은 싱싱한 고등어는 그 자체로 맛있지만, 염장을 한 고등어 즉 간고등어는 간이 배어야 맛있다고 단언한다. 말하자면 간고등어는 고등어 육질이 소금기를 충분히 먹어야 맛있는 고등어가 되며, 또한 간을 친 후 염수가 빠지고 시간이 일정하게 지나 숙성되어야 더욱 맛이 난다는 것이다.

처음 대원상회를 인수했을 때는 간고등어를 만드는 일이 거의 없었다. 1970년대 후반까지 부산이나 구룡포에서 온 고등어는 항구에서 염장을 한 후 안동으로 왔기 때문이다. 그러나 고등어를 염장하는 과정에서 나오는 부산물이 바닷물을 오염시킨다는 이유로 부산어판장이나 기타 항구에서 염장을 금지한 1980년대 후반부터 소위 생고등어가 안동으로 오면서 간고등어 작업이 본격 개시된다. 소위 생고등어는 부패하기 전에 팔리지 않거나, 저장 필요성이 있다고 판단되면 독간 근처에서 바로 염장하여 저장하였기 때문이다.

16 통영시 욕지도에서는 "간독", 안동에서는 "독간"으로 불렀지만 같은 간고등어 저장기능의 창고이다.

17 김용원은, 안동간고등어 간잽이로 대중들에게 알려진 이동삼도 대원상회에서 함께 일을 한 동료였다고 기억한다. 이동삼은 생고등어가 운송되어 오면 간을 치는 일을 담당하였고 때로는 고등어 등을 소매점 혹은 다른 판매점으로 운송하는 일도 담당하였다고 한다.

아직도 안동간고등어의 중심지 안동중앙신시장 사진: 류종승

염장 과정 중에 나오는 고등어 내장은 염장을 하는 사람들이 가지고 가거나, 이것을 원하는 사람들에게 나누어 주었다. 간을 친 고등어는 독간에 보관했는데, 이렇게 저장된 간고등어에는 소금기가 있는 고등어 기름이 많이 발생하였고 이 기름은 요리에 도움이 되었기에 시민들 중에는 독간에서 나는 고등어 기름을 원하는 사람이 매우 많았다. 그래서 독간을 여는 시간에는 많은 사람들이 염장한 고등어에서 나온 기름 즉 염수를 받기 위하여 몰려들었다.

김용원이 어물 주재원으로 일할 때는, 전화가 발전하지 않아, 통화를 위하여 때로 몇시간을 기다렸다. 어렵게 통신을 연결하여 구입할 어물 수량, 종류 등이 협의되면, 1970년대 초반에는 바퀴가 3개 달린 차, 소위 "삼발이"가 구룡포를 출발하여 청송을 거쳐 안동으로 고등어를 싣고 왔다. 안동에 도착한 고등어는 의성, 예천, 영주, 문경, 때로는 상주와 김천까지 유통되었다.[18] 말하자면 안동은 바다에서 잡힌 간고등어의 내륙 거점이었고, 전통사회 채거리 마방이 그러했던 것처럼 멀리 김천까지 간고등어를 비롯한 해산물을 유통시킨 것이다.

한국사회 발전속도는 매우 빨라 삼발이가 해산물을 운송하던 시기는 그리 길지 않았고. 70년대 말에는 트럭이 등장하였다. 트럭 성능이 좋아지면서 어물 유통 시간과 규모가 커졌다. 기차 시간이 단축되고 왕복 횟수도 늘어나면서 어물 유통 규모도 커졌다. 부산에서 기차로 직접 어물이 대량 수송되었고, 묵호, 군산, 목포 등 기존에 생각하지 못한 전국적인 어물 유통 네트워크가 만들어지면서 안동 중앙신시장 대원상회도 전국적인 유통망을 가지게 되었다. 항구마다 생산되는 특산 어물들이 안동중앙신시장 대원상회로 모였고, 이렇게 모인 어물은 다시 경북 북부지역으로 판촉, 유통된 것이다,

김용원이 기억하기로 어물 중 가장 싸고 많이 유통된 것은 꽁치였고, 고등어는 대중 어류였지만, 그럼에도 약간 귀한 대접을 받는 어류였다고 기억한다.

---

18 모든 해산물, 어물은 먼저 안동중앙신시장 대원상회, 삼성상회, 이창상회로 집결한 후, 여기서 현장 어물점으로 이동하였다고 한다. 같은 중앙시장 어물점도 모두 이 3곳의 도매상을 활용하여 어물을 구입하고 소비자에게 직접 판매를 하였다고 한다.

04

간고등어에게도 아팠던 일제강점기

한국 전통 고등어잡이

간고등어가 되려면 먼저 바다에서 고등어가 성장해야 한다. 바다의 고등어가 소금 세례(!)를 받은 후 간고등어로 새롭게 탄생하고 그중 성골(?)이 안동간고등어가 되는 것이다. 이점에서 간고등어에 대한 탐색은 바다에서 잡히는 고등어에서 시작되어야 한다.

어업이 발전하지 못한 한국 전통사회에서 고등어는 보편적인 어종이지만, 『우해이어보』나, 『자산어보』 등에서 다른 어종에 비하여 양적 질적으로 주목하여 기술되지 않았다. 다른 어종에 비하여 그리 귀한 대접을 받지는 못하였지만 여러 정황상 어촌 사람들이 주목하는 어종은 분명한 것으로 보인다.

전통사회 고등어 어획은 손낚시, 자망 축어망逐魚網, 지예망地曳網 등을 사용하였다. 정약전은 『자산어보』에서 "밝은 곳을 좋아하는 성질을 이용하여 횃불을 밝혀놓고 밤에 낚는다"고 하였고, 서유구의 『임원십육지林園十六志』에서는 어선 1척에 10인이 낚시줄은 길이가 10장丈(3m 정도)이며 낚시 위 1척尺(30cm 정도) 되는 곳에 1척 철봉을 달아 가볍게 뜨지 않게 하여 눈이 밝고 민첩한 사람은 하룻밤 사이에 많은 고등어를 낚았다고 하였다. 울산지방에서는 자망으로 망 간격 2촌寸 5분分(8cm 정도), 길이 3심尋(7.5m 정도)으로 1척에 400~500심尋(1,200m 정도)을 실어 20리 이내의 바다에서 어획하였다. 원산지역에서는 자망 250심(700m 정도), 망 길이가 가장 넓은 쪽은 40심(100m 정도), 망선 1척에 9인, 3인씩 탄 수선手船 2척으로 하나의 선단을 구성하여 어획하였다. 강원도 연안으로 몰려드는 고등어를 반월형 그물을 양쪽으로 잡아 당겨 잡는 지예망 방식도 있다.

안동간고등어로 유입된 영덕에서는 유망, 외줄낚시, 대지예망 등을 이용하여 고등어를 잡았다. 1900년대 초반에 『한국수산지 1』에 기재된 대지예망 사용법은 다음과 같다.[19]

19 한국해양문화연구원, 「경상북도 국가중요어업유산발굴 기본구상 연구보고서」, 2019, 49쪽 재인용.

1910년대 영도 봉래동 해안에서 고등어를 들고 가는 사람 김한근 제공

휘리그물의 한쪽을 육상에 고정시키고, 다른 한편 그물을 한편의 어선에 탑재하여 어부 5~6명이 승선한다. 먼저 휘리그물을 계속 투망하면서 점차 바다 쪽으로 노를 저어 나간다. 그물로 빙 둘러서 어군을 에워싼 후 신속하게 노를 저어 배를 원래의 육지로 이동시킨다. 육지 위로 올라와, 다른 어부들과 힘을 합쳐 좌우로 나눠 지예망을 손으로 끌어올린다. 어획부魚捕部가 육지에 가까워지면 5~6명의 어부들은 바다 속으로 들어가 그물 자락을 바다 밑으로 밟아 해저에 붙이면서 끌어당겨, 어군이 도망가는 것을 방지한 후 어망을 건져 올린다. 고기가 많아 한 번에 그물을 끌어올리기 어려울 때는 다른 소형 지예망을 사용해서 여러 차례 나누어서 어획하기도 한다.

한편 1910년에 발간된 『한국수산지 2』는 영덕지역 대표항으로 축산항을 거명하고 있고, 고등어유망鯖流網 등의 조업이 성행한다고 기록하고 있다. 그러나 영덕 어민 김정구(남, 1959년생)는 축산항 강구항에서는 일제강점기부터 유명, 외줄

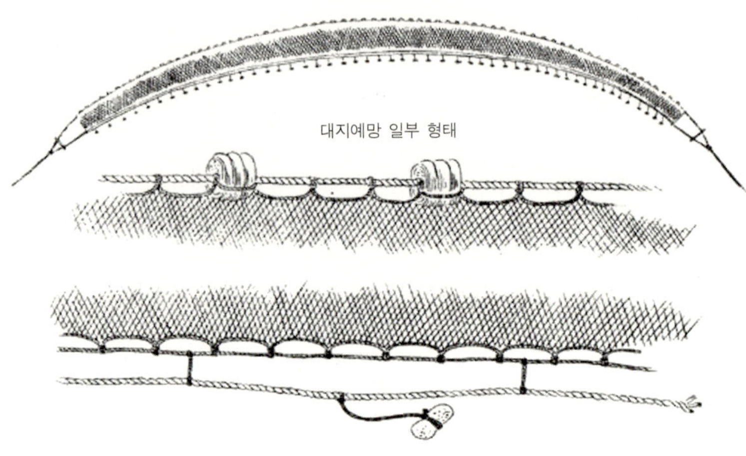

대지예망을 활용한 고등어 어획

낚시, 대지예망으로 고등어를 잡지 않았다고 말하고 있어, 일제강점기를 거치면서 고등어 어업방식은 변화하였다고 판단된다.[20]

몰려 오는 일본 어민

1900년대 시기를 전후하여 일본이 동력선을 활용하여 조선해에서 고등어를 잡기 시작하면서부터 고등어 어획량은 급격히 늘어난다. 그러나 일제강점기 일본이 주목한 자원과 산업은 주목받은 만큼 아픔과 상처도 컸다. 말하자면 고등어 어획량이 늘어났다는 것은 그만큼 고등어 생산과 관련된 그림자도 컸음을 의미한다.

20 한국해양문화연구원, 위의 보고서, 49쪽, 재인용.

근대 이전부터 조선정부의 단속을 피해 조선 해역에서 몰래 어업을 지속적으로 시도해 온 일본어민들은 1876년 「조일수호조규朝日修好條規」가 강압적으로 체결되면서 보다 본격화되었다. 이후 1883년 7월 25일 맺어진 「재조선국일본인통상장정在朝鮮國日本人通商章程(약칭 조일통상장정朝日通商章程)」으로 조선정부는 전라도, 경상도, 강원도, 함경도 4도 영해를 일본 어민에게 공식적으로 내주었으며[21] 1889년에 조인된 「조일통어장정朝日通魚章程」은 일본의 조선어업 침탈의 법적 근거로 작동한다.[22]

일본이 조선 침략을 본격적으로 진행하면서 조선 어업을 주목한 까닭은 조선 어장에 대한 욕심도 컸지만, 일본어업의 활로를 찾기 위함이었다. 1898년 일본정부가 공포한 〈원양어업장려법〉으로 인하여 일본 내 어민의 수가 과도하게 늘었고 이로 인하여 일본 내 어업은 상당한 곤란을 겪고 있었다. 일본은 과도하게 양산된 일본 어민을 조선 어업에 투입함으로써, 일본 어업을 정상화시키고 동시에 조선어업의 침략 동력으로 활용한 것이다. 일본은 일본어민들의 한국 어촌 진출을 확산시키기 위하여 〈처변일본인민재약정조선국해안어채범죄조규處辦日本人民在約定朝鮮國海岸漁採犯罪條規〉를 조선정부와 규약하고 국가권력을 이용하여 일본인이 조선해에서 조업을 하도록 장을 펼쳐주었으며, 조선 어촌 내 범죄행위에서도 조선의 간섭을 배제시켰나. 그리고 1905년 조선해의 고등어 어장 중심지역에 일본인 집단 이주어촌이 형성되었고, 일본어민들이 중심이 되어 어획한 고등어를 일본으로 유통하는 어업구조가 만들어지게 된다.[23]

---

21 전문 42관으로 된 이 조약 중 41관 "일본국 어선은 조선국의 전라, 경상, 강원, 함경 4도의 해변, 조선국 어선은 일본국의 肥前, 筑前, 石見, 長門의 조선에 면한 곳, 出雲, 對馬島의 해변에 오가면서 고기를 잡는 것을 허가한다. 단 사사로이 화물을 무역할 수 없으며, 위반한 자에 대해서는 그 화물을 몰수한다. 그러나 잡은 물고기를 사고 팔 경우에는 이 규정에 구애되지 않는다. 피차 납부해야 할 魚稅와 기타 細目은 2년 동안 시행한 뒤 그 정황을 조사하여 다시 협의하여 결정한다"로 되어있다.

22 1889년 11월 12일에 외무독판(外務督辦) 민종묵(閔種默)과 일본 대리공사인 近藤眞鋤 사이에 체결된 「朝日通漁章程」은 전문 12조로 구성되었다. 이때 '通魚'의 내용을 일본 농상무성 수산국장 목박진(牧朴眞)은 '조선 어장을 일본어장에 '통합'는 의미로 설명하면서, 진정한 의미의 通魚'는 "조선해를 일본해라고 간주하는 것으로 조선해와 일본해가 하나가 되는 것이라고 발언하였다. 최성환, 「일제강점기 청산도 고등어 어업의 실태와 영향」, 『서강인문논총』 50, 서강대학교 인문과학연구소, 2017, 219쪽.

23 김수희, 「일제시대 고등어업과 일본인 이주어촌」, 『역사민속학』 20, 한국역사민속학회, 2005, 166쪽.

1900년대 초반 전격적으로 진행된 일본 어민들의 이주 정책은 후쿠오카 지역을 시작으로 점차 확대되었다. 포항 구룡포, 통영 욕지도, 부산, 울산, 마산, 청산도 등 동해와 남해의 풍부한 어장 근처에 있었던 대부분의 어촌이 그 대상이 되었고 크고 작은 일본인 촌락이 만들어진다.[24]

일제강점기 총독부가 추진한 조선 어업정책은 일본인 어업자본가가 많은 자본과 기술력으로 조선의 특정어류를 개발하여 조선 어장을 단일어장으로 만드는 것이었다. 이것은 몇개의 어종이 전체 어획고의 60%를 차지하는 기형적인 어업구조를 만들고, 이같은 어업구조는 일본인 자본가가 동력선 어업을 주도하기 쉽도록 하기 위함이었다. 여기에 조선총독부는 수산회사 설립 시 조선인에 비하여 일본인이 유리한 내용을 담은 회사령을 제정하여 일본 어업자본이 조선어업을 장악하도록 유도하였고, 이 결과 일본인의 조선어업의 장악력을 커져갔다. 이로 인하여 조선인은 영세한 어업을 하거나 일본인 기업의 어업 노동자가 되었다.[25] 말하자면 조선 어촌에 정착한 일본 어민들이 근대적 어업을 도입하고, 조선총독부의 비호 아래 근대적 어선을 활용한 대량 포획이 가능해지면서, 생산량은 기하급수적으로 늘어난 것은 분명하지만. 일본 어부들에 의하여 어업생산량은 늘어나는 만큼 조선 어업은 일본의 어업자본과 일본인 어부들에 의하여 예속된 것이다.

일본 어민들의 조선 진출과 함께 고등어 생산량은 지속적으로 늘어났다. 전근대 조선에서 고등어를 잡는 방식은 낚시나, 무 동력선을 활용 가까운 바다에 나가 전통적인 그물로 고등어를 잡아서 육지로 이동시키고, 건조하거나 염장을 하여 내륙으로 이송하는 방식이었다. 또한 전통사회 어촌 어민들의 고등어에 대한 선호도가 높지 않았고, 육지에 가까운 바다에서 이동하는 고등어를 개별적인 배로 잡았기 때문에 고등어 어획량은 많지 않았다. 이에 비해 조선에 진출한 일본 어

24 지금은 관광지로 변모한 포항 구룡포 근대거리도 이시기에 조성된 것이다.

25 1940년 어획량이 500만 엔 이상인 것은 정어리, 명태, 조기, 고등어, 청어, 갈치, 새우 7가지로 이 어종들이 조선 총 어획량의 60%를 차지하고 있다. 김수희, 「일제시대 고등어업과 일본인 이주어업」, 『역사민속학』, 한국역사민속학회, 2005,. 166쪽.

부들은 일본인들에게 고등어는 선호도가 높은 어물이었고, 근대 동력선을 이용 고등어가 이동하는 먼바다에까지 항해하여 고등어를 잡았다. 또한 어획 방식도 대규모로 이루어져 2척 이상의 선단을 형성하여 배와 배를 연결하는 그물망으로 고등어를 포획하였기 때문에 어선이 많아질수록 어획고는 늘어나는 구조였다.

1920년경 기선건착망을 도입하고 1924년경 조선어장에서는 기선건착망어업이 주류를 이루면서 조선해에서 전체 어획고는 기하급수적으로 늘어났고, 1939년 7월 2일자 『동아일보』 기사 "고등어 조선 중요 수산물 중 3위 획득" 1936년 4월 30일 『동아일보』 기사 "1935년 울산어획고 중 고등어가 제일"에서 보듯 점차로 주목받는 어종으로 고등어가 대두되었다.

『한국수산지 2』의 내용을 보면 안동간고등어의 주 생산지 영덕지역에도 1910년대에는 고등어 유망鯖流網이 1924년대부터는 고등어 기선유망으로 고등어잡이가 변화되었고 이에 따라 고등어 어획고가 급격히 늘어났다.

어획고에 비례한 상처

일본인들에 의하여 도입된 근대어업으로 인하여 조선해에서 고등어 생산은 급격히 늘어나지만 역으로 고등어 생산이 늘어날수록 조선의 어업은 일본의 어업에 잠식당하고, 조선 어민들은 일본 어업회사의 고용자로 전락한다. 당시 한국 어민과 일본어민이 생산한 고등어 생산의 비율을 보면 이러한 경향이 잘 드러난다.

1911년의 고등어 생산량은 13,494톤이었고, 조선 어민들은 그중에서 44% 정도를 차지했다. 그러나, 1932년 고등어 생산량은 급격히 늘어나 248,296톤이었지만, 조선 어민들이 생산한 것은 6%에 불과하다, 이 기간동안 조선어민들의 고등어잡이가 늘어난 것은 두 배 정도이지만 일본인들의 고등어 어획량은 30배 이상이 늘었다. 이후 수치는 파악되지 않지만 조선어민들의 어획량이 일본 어민들의 영향하에 이루어졌고, 시간이 지날수록 조선인들의 대부분이 일본어민들의 선단이나 고등어 후속 처리를 담당하는 노동자로 전락하게 되는 흐름이 이어진 것으로 보아 조선어민들의 생산량과 생산비중은 더 악화된 것이 분명해 보인다.[26]

1900년대 조선어장의 각 연도별 고등어어획고[27]

(단위 톤, 円, %)

연도	조선인 수량	일본인 수량	총계		총 수량에 대한 비율	
			수량	가격	조선인	일본인
1911	5,871	7,623	13,494	167,750	44	56
1912	2,216	4,480	6,696	476,252	33	64
1913	1,582	7,772	9,354	563,620	17	83
1914	6,905	17,962	24,867	102,9066	28	72
1915	5,370	23,743	29,113	117,8429	18	82
1916	3,427	17,962	21,389	126,2998	16	84
1917	7,240	23,670	30,910	230,0887	24	76
1918	6,682	39,242	45,924	528,6330	15	85
1919	8,973	35,596	44,569	581,3815	21	79
1920	9,695	37,716	47,411	504,3922	21	79
1921	10,166	44,762	54,928	583,4814	19	81
1922	14,086	46,630	60,716	601,9210	24	76
1923	16,920	63,161	80,081	726,4501	22	78
1924	12,454	49,126	61,580	691,0413	20	80
1925	11,670	38,175	49,845	580,9407	24	76
1926	11,728	52,607	64,335	695,0464	19	81

26 1936년 4월 30일 『동아일보』 기사에는 1935년 울지역에서 잡힌 어류 47종 중 고등어가 가장 많이 잡혔고, 고등어를 포함한 어획고는 265만원으로 일본인이 1,740,696원(66%), 조선인이 774,947원(29%) 기타 137,830원(5%)으로 보도하고 있다.

27 자료: 『조선총독부통계연보』의 각 해당연도. 김수희, 「일제시대 고등어업과 일본인 이주어업」, 『역사민속학』, 한국역사민속학회, 2005, 175쪽 재인용.

1927	15,993	76,782	92,775	858,4045	18	82
1928	12,286	77,728	90,014	874,4640	14	86
1929	11,865	59,595	71,460	731,1283	16	84
1930	16,236	73,145	89,381	622,4353	19	81
1931	13,218	133,201	146,419	531,2738	10	90
1932	12,711	235,585	248,296	525,8116	6	94
1933			103613	638,4825		
1934			88265	571,6891		
1935			84090	543,8134		
1936			65259	478,0815		
1937			72254	602,3216		
1938			68795	581,6872		
1939			62260	816,6984		
1940			45850	823,6454		

남해 간고등어의 메카 청산도, 욕지도

한국에 정착한 일본어민들이 고등어 잡이에 열을 기울인 것은 전통적으로 일본인들이 고등어 요리를 좋아하였고, 그리 비싸지 않으면서 비교적 맛이 좋은 생선이었기 때문으로 추정된다. 말하자면 일본에서 고등어는 고급스러움과 대중성을 가진 가장 보편적인 생선인 것이다. 한국에 진출하여 대량으로 어획한 고등어는 대부분 염장을 한후 일본으로 건너갔다.

1900년 초기 고등어 중심 어장은 남해안이었으나, 1910년대에는 영해, 영덕 그리고 1930년대에는 영일만, 1935년경에는 강원 동해안, 전라도 함경도까지 고등어 어장이 확대된다. 당시 신문기사를 보면 고등어 대량 어획지로 이름이 높은 곳은 동해의 영덕지역, 구룡포, 그리고 남해 통영의 욕지도, 대청도 등지였고, 고등어 어획량은 늘 관심의 대상이었다.[28]

1920년대 이후 매년 고등어 어획량은 신문기사의 단골 손님이었다. 1930년 11월 30일 "경북 동해안안에 고등어 대풍-하룻밤에 백만마리 이상 잡히는…" 1935년 6월 8일 "경북도의 수산액 오백칠십만원 돌파-고등어 2백 17만원 최고액" 등의 『동아일보』 기사는 한 사례이다.

일제강점기 일본이 첫 번째로 주목한 고등어생산지는 남해안 일대 특히 완도군 청산도, 통영시 욕지도, 거제시 장승포 해역이었다. 청산도와 욕지도는 약 140여km 정도이며 욕지도와 장승포는 50여km 되는 곳으로 수려한 남해의 경치가 돋보이는 곳이기도 하지만, 남해 최대의 고등어 어장이 형성된 곳이기도 하다.

장승포 고등어 염장 『부산일보』, 1925년 11월 13일

청산도 고등어잡이 배 『부산일보』, 1933년 6월 27일

28 『동아일보』 1921년 11월 7일 "구룡포의 풍어, 고등어가 많이 잡혀", 1930년 11월 30일 "경북 동해안에 고등어가 하루에 백만마리 이상" 등 매년 고등어 어획고가 신문기사화 되었다.

청산도는 일제강점기 "고등어 산山"이라는 표현에서 알 수 있듯이 최고의 고등어 산지였다. 현재 청산도 거주 인구가 2,500여명인데, 80년 전 1935년 청산도 해역에 고등어를 잡기 위하여 몰려온 어업인이 3,500명 정도였다고 한다. 어선 1조組당 25만~40만 마리가 잡혔고, 수송선이 고등어의 무게를 못 이겨 바다에 버리기까지 했다고 했다고 하니 청산도 고등어 어획량을 가히 짐작할 수 있다.[29]

『조선일보』 1940년 7월 25일자에는 "전남 다도해 각 어장에 고등어잡이가 활황인데, 특히 청산도에 1백여척이 대기중"이라는 기사가 있어 1940년대에도 청산도 인근에서 고등어 어업 선박은 1~2백 척 정도가 계속해서 머물렀던 것으로 보인다.

1917년 『전남사진지』에 수록된 청산도 고등어잡이 사진[30]

29 최성환, 「일제강점기 청산도 고등어 어업의 실태와 영향」, 『서강인문논총』 50, 서강대학교 인문과학연구소, 2017, 232쪽.

30 최성환, 위의 글, 226쪽.

일제강점기 고등어 가격은 이획량에 따라 달랐던 것으로 보인다. 『동아일보』 1932년 7월 31일자 신문에는 장승포에서 하루 160만마리 고등어를 잡았고, 가격이 1전 2,3리 정도였다는 기사가 보인다. 그러나 『부산일보』 1929년 1월 5일 신문기사에는 큰 고등어 한마리가 18전 정도였고, 1932년 5월 4일자 『부산일보』 기사에는 고등어 가격이 20전 올랐다는 기사도 있어 일제강점기 고등어 가격 편차는 심했으며, 싸지 않은 어물이었던 것으로 보인다.

청산도 인근에서 고등어를 잡을 때 항공기도 이용하였다는 기록은 흥미롭다. 1938년 광주와 경성을 오가는 항공이 개통되었고, 이륙한 비행기가 고등어떼를 발견하면 어선에 무전을 보내어 고등어떼 위치를 알려주었다고 한다. 『동아일보』 1939년 7월 2일자 신문에는 비행기로 고등어 회유를 정찰했다는 기사가 보이며, 기타 자료를 보면 고등어 어기에 때로 항구에 선단을 대기시켰다가 비행기에서 고등어떼 정보를 받으면 출동하는 경우도 많았다고 한다.

통영시 욕지도欲智島 또한 고등어 집산지로 이름이 높았다. 전통사회 멸치 주산지였던 욕지도에 1985년경 일본 도미우라라는 일본인이 등장하여 욕지도 해산물을 매입해 일본에 팔기 시작했고, 1900년대 초반에는 욕지도에 정착하였다. 그는 선박과 어구, 어업자금을 빌려주는 일종의 고리대금업을 통해 어민들을 수탈해 갔다, 이후 욕지도는 일본인이 점차로 많이 정착하는데, 1915년경에는 조선인 1만5천여명, 일본인 1천여명 정도로 당시 통영인구의 30%에 육박하였다.[31] 참고로 그가 정착한 마을이 고등어 파시가 열렸던 자부포이다.

1910년도 이후 고등어가 잡히는 철이면, 욕지도에 어선들이 떼를 지어서 몰려왔고, 자연스럽게 욕지도는 고등어 어업의 전진기지가 되었다. 일본 어민들은 선단을 형성하여 고등어를 잡아서 일차적으로 욕지도에 고등어를 보관하였다, 욕지도 주민들의 표현을 그대로 옮기자면 “고등어는 성질이 못되서” 잡자마자 죽으니 얼마 지나지 않아 선도가 떨어지고 부패가 진행되기 때문에, 먼 곳으로

31 『한산신문』 2016년 10월 14일자 신문기사.

1960년대말 욕지항(자부랑개) 김홍국 제공

1962년 서촌나루터 김홍국 제공

1959년 욕지어업조합어판장 고등어 김홍국 제공

이동하기가 어렵다. 그래서 배에서 잡은 고등어는 가까운 욕지도에 내려 장기 보관을 위하여 염장을 하였다.

염장한 고등어는 "간독"에 보관하였다. 간독의 크기는 다양하였다. 욕지어업조합에서 만든 간독은 규모가 커서 가로 세로 4m 정도, 높이 2m 정도로 조성된 지하 공간이다. 이렇게 큰 것에는 고등어가 4만 마리 이상이 들어간다. 고등어를 유통시키는 중매인들은 조금 작은 간독을 만들어 활용하였고, 일반인들은 집 부엌이나 마당에 작은 간독과 옹기를 사용하기도 하였다.

염장된 간고등어는 나무 판재를 세우고, 줄을 맞추어 차곡차곡 쌓은 후 50cm 상급 고등어는 1번, 중급, 일반 고등어는 2번 3번으로 종이표시를 붙인다. 이후 가마니를 덮고 돌을 눌러 놓으면 간물이 빠져 나온다. 적당한 기간이 지난 후 맑고 노란 간물은 염장이 잘 된 것이고, 탁하거나 간색이 짙으면 염장이 제대로 되지 않았다는 징조다.[32]

욕지도에서는 대체로 100마리씩 묶어서 내륙으로 유통시켰는데, 팔리면 간독에 고등어가 줄어들었다가, 다시 배가 들어오면 염장한 고등어를 저장하는 것을 반복한다. 욕지도에는 중매인이 40여 인 정도가 활동하였고, 개인적으로 3개 정도의 간독을 운영하였다고 한다. 욕지어업조합에서 공식적으로 관리하는 것은 이보다 많았을 것으로 추정되어 욕지도에는 최소 200여 개 이상의 간독이 있었을 것으로 추정된다.[33]

간독에 저장되는 간고등어는 모두 고등어에 직접 소금을 뿌리는 방식으로 만들어진 간고등어이다. 간고등어를 간독에 저장하는 작업은 고등어 내장을 제거하는 사람, 바닷물에 씻는 사람, 소금간을 하는 사람, 간독에 재는 사람 등으로 분업화되어 있었다. 저장 작업은 주로 욕지도 주민들, 특히 여성들이 주로 담당하였으며 임금은 많지 않았다고 한다. 때로 수고비를 고등어 내장으로 받아가는

32 최원준, "최원준의 음식 사람, 통영 욕지도 고등어-고등어간독", 『국제신문』 2020년 8월 4일자 기사.
33 김홍국(1960년생)씨 의견이다. 김홍국씨는 욕지면지를 집필하는 등 욕지도에서 생활하면서 욕지도 문화사를 지속적으로 조사 정리한 향토문화연구자이다.

욕지도 자부포에 재현된 간독

간고등어 상인들이 운집했던 욕지도 항구 옆 골목

경우도 있었다.

욕지도 간독에 보관된 간고등어는 일본으로 가거나, 혹은 한국 내륙으로 이동되었다. 가까운 통영으로 간고등어를 유통시키기도 하였지만, 주로 마산 어시장에서 간고등어를 판매하였다고 한다. 당시 욕지도에서 마산 어시장까지 배로 이동할 경우 5~6시간이 걸렸지만, 남해에서 잡은 어물 대부분이 마산 어시장으로 모였고, 간고등어 역시 마산 어시장을 이용할 경우 매매가 쉽게 이루어졌기 때문이다. 마산 어시장을 거친 욕지도 간고등어는 다시 수운이나 철로를 타고 내륙으로 이동하였다.

욕지도 사람들은 "고등어가 날 때는 개가 돈을 물고 다녔다"고 말한다. 덧붙여 이곳 사람들은 "안동 간고등어의 원조가 욕지도"라고 말한다. 그만큼 욕지도에 고등어 어업은 성행했고, 간독 유산이 말하는 것처럼 간고등어 역시 대량으로 만들어진 곳이었다.

세계 제일의 고등어 어장 경상남북도 연안

안동간고등어의 주 생산지 영덕지역에도 일본인들의 1920년대부터 전문적인 고등어잡이가 진행되면서 어획고가 급격히 늘어난다.

1928년 1월 27일자 『부산일보』에는 "세계제일의 고등어 어장"으로 경상남북도 연안을 꼽고 있으며, 1933년 11월 7일자는 후포항 고등어 어획량 160만 마리라는 기사도 보인다. 이외 여러 신문기사는 일제강점기 동해안의 죽변, 후포, 영덕, 구룡포, 울산으로 이어지는 경북 연안을 고등어 황금어장으로 꼽기를 주저하지 않았다.

이렇게 대량으로 어획된 고등어는 1920년대 건설된 안동~영덕 간 신작로를 통해 안동을 비롯한 내륙으로 유통되었다.

○商業及法人登記

東海產業株式會社變更
昭和參年壹月拾八日各株ニ付七圓五拾錢宛拂込ヲ結了シ 各株ニ付拂込ミタル株金額ヲ金貳拾圓ト變更
シタリ
監査役森永忠藏、高橋德重ハ各任期滿了ノ處昭和參年壹月拾八日各重任ス
右昭和參年壹月參拾壹日登記
株式會社設立
商號株式會社盈德運送店　本店慶尙北道盈德郡盈德面江口洞貳百九拾四番地　目的海陸運送倉庫竝ニ
附帶スル營業　設立ノ年月日昭和參年壹月貳拾五日　資本ノ總額金貳萬圓　壹株ノ金額金五拾圓　各
株ニ付拂込ミタル株金額金拾貳圓五拾錢　公告ヲ爲ス方法會社ノ門前又ハ大邱府ニテ發行スル朝鮮民
報ニ揭示公告ス　取締役ノ氏名住所盈德郡盈德面江口洞貳百九拾六番地韓圭烈、同所貳百九拾四番地
岡田一眞、同郡同面德谷洞貳百九拾貳番地姜奉吉、同郡同面南石洞百貳拾九番地ノ貳吳宅冕、同郡同
面小月洞貳百拾九番地申泰震　監査役ノ氏名住所盈德郡盈德面南石洞百四拾參番地末永治郞次、同所

영덕운송점 설립을 고시한 1928년 5월 2일자
「조선총독부관보」 0400호

신작로가 만들어진 후 동해 해산물을 본격적으로 이동시키기 위한 운송 전문 회사가 설립된다. 조선총독부 관보 400호는 1928년 1월 18일 영덕군 영덕면 강구동에 주식회사 영덕운송점의 설립을 고지하였고, 그 목적을 "해상 육상 운송과 창고업 그리고 이에 수반하는 부대 영업 일체를 경영"하기 위함이라고 기록하고 있다. 말하자면 동해에서 어획한 고등어와 내륙의 농산물을 전문적으로 유통시키기 위하여 주식회사 영덕운송점을 개설한 것이다.

한편 중앙신시장에서 어물도가를 운영한 김용원은 일제강점기를 지나 1960년대까지도 고등어를 비롯한 어물을 우마차로 이동시켰다고 하였다. 흥미로운 것은 때로 자신의 선배들은 영덕에서 고등어를 운송할 때에 자전거를 이용하기도 했다는 것이다. 당시 자전거는 한 사람이 타는 자전거가 아니라, 두 사람이 탈 수 있었으며, 뒷바퀴 위에 짐을 싣을 수 있는 장치가 있었고 옆에는 끈을 묶을 수 있어 상당히 많은 양의 짐을 이동시킬 수 있었다고 한다.[34] 말하자면 자동차와 자전거 우마차가 함께 신작로로 고등어를 이동시킨 것이다.

34 1970년대 말까지 소위 '짐발이 자전거'가 다녔는데, 주로 양조장에서 이용하였다. 막걸리 한말이 들어가는 흰 술통을 10개 이상씩 나르는 자전거꾼들이 많았고, 이들은 자전거로 막걸리 술통을 몇 개나 싣고 이동시킬 수 있는지를 두고 경쟁하기도 하였다.

05

간고등어의 식량 소금

간고등어의 식량 '소금'

간고등어의 두가지 핵심 요소는 간과 고등어이다. 고등어가 간을 먹지 않으면 간고등어로 다시 태어날 수 없다. 다시 말하지만 고등어는 바다에서 자라지만, 간고등어는 소금을 식량으로 내륙에서 생장한다.

안동간고등어가 되기 위한 두 가지 요소는 고등어와 함께 고등어가 먹고 자라는 소금이다. 바다의 고등어는 바다에서 나는 먹이를 먹고 살지만, 내륙의 안동간고등어는 소금이라는 먹이가 없다면 탄생하고 성장하기 어렵다. 1952년 6월 18일자 『동아일보』의 "고등어가 대풍이어도 소금 없어서 헛수고"라는 기사는 이러한 정황을 잘 말해준다.

따라서 어쩌면 고등어보다 주목해야 할 것이 바로 소금이다. 덧붙여 바다에도 먹이와 온도가 맞아야 고등어가 잘 자라듯, 내륙에서도 소금과 문화가 있는 곳의 간고등어가 맛있다. 따라서 간고등어를 제대로 파악하기 위해서는 질 좋은 소금에 대한 이해가 매우 중요하다.

소금은 바다에서 생산되어, 정확히는 염전에서 생산되어 안동으로 들어와 안동간고등어를 만든다.

안동간고등어를 만드는 소금은 두 갈래로 안동으로 유입되었다. 하나가 영해와 울진에서 생산된 소금으로, 이 소금은 동해에서 잡은 고등어를 안동간고등어로 만들었다. 그리고 그에 비견되는 또 하나의 소금길, 곧 낙동강 소금배는 또 다른 안동간고등어의 생장 통로였다.

소금 만드는 방법

바닷물을 솥에 넣고 계속 끓이면 물이 증발하고 남은 것이 소금이라는 점에서 어촌 어디서나 소금을 구할 수 있다. 그러나 일반 어촌에서도 소금 생산은 쉽지 않았다. 소금을 얻기 위하여는 바닷물을 증발시켜야 하는데, 단순 화력만으로 바닷물을 증발시키기 위해서는 나무 연료가 지나치게 많이 소모되기 때문이다. 소량의 필요한 양의 소금은 급할 경우 어찌어찌 구할 수 있지만, 간고등어를 만들 만큼의 소금을 확보하기 위해서는 이러한 방식으로 어려웠다.

전통사회 소금을 만드는 방식은 크게 해수직자법海水直煮法과 염전식자염법鹽田式煮鹽法이 있다. 해수직자법은 바닷물을 가마솥에 넣어 끓여 물기를 증발시켜 소금을 만드는 방식이다. 누구나 쉽게 소금을 구할 수 있지만, 염도 3% 정도의 바닷물을 오로지 화력으로만 증발시켜 소금을 얻기 때문에 연료가 많이 들고 이에 따라 산림이 황폐화된다는 문제점이 있어 국가나 민간에서도 선호하지 않았다.

이에 비하여 염전식자염법은 모래흙에 짠 바닷물을 중수하여 염도를 높이고 이를 통해 일반적인 바닷물보다 염도가 높은 바닷물을 만든 후 이를 화력을 통해 물기를 증발시켜 소금을 추출하기 때문에 해수직자법에 비하여 소금 추출의 효율성이 매우 높다. 다만 염전식자염법은 복잡한 공정과 집약된 노동력을 요구하기에 일반 어민들이 쉽게 진행할 수 없는 단점이 있었다. 그래서 전통사회에서는 염전으로 활용되기 좋은 입지 조건을 가진 마을을 선정하여 소금을 생산하였고, 생산된 소금은 염세 즉 세금을 매겼으며, 유통과정을 국가에서 관리하였다.

전통사회 소금은 동해안, 남해안, 서해안 지역마다 생산되었다. 간고등어를 생장시키기 위해서는 많은 소금이 필요했고, 그중 안동간고등어에 사용된 소금은 동해안 영해 염전과, 낙동강 하구 지역에 위치한 명지염전에서 생산되어 이송된 것으로 추정된다.

동해지역 소금발

전통사회 영덕지역에서 소금이 생산되었다는 기록은 다양하다. 조선초기 권근權近(1352~1409)이 저술한 『양촌집陽村集』 권11에는 영덕지역에서 소금이 생산되었다는 것을 간접적으로 볼 수 있는 기록이 있다. 이 책 「영해부서문루기寧海府西門樓記」에는 병마사 박후가 "바닷가에서 소금을 굽는 백성들 또한 국가의 창생蒼生이 아니겠는가"라고 말한 내용이 있는데, 이것은 소금을 생산하는 백성들의 활동이 국가 창생에 도움을 준다는 내용으로, 고려 말기 영덕 바닷가에 소금을 생산하는 어민들이 있었다는 것을 간접적으로 알려주는 자료이다.[35] 1425년(세종 7)에 편찬된 경상도지리지慶尙道地理志에는 영해도호부와 영덕현에 총 238척隻의 염분이 있었음을 기록하고 있다.[36] 1469년(예종 1) 편찬된 지리서인 경상도속찬지리지慶尙道續撰地理誌에는 영덕지역 자염 생산지로 병곡면 백석리 · 병곡리 · 원황2리 · 아곡리 고래불, 영해면 대진리와 영덕읍 오보리 · 석리 · 대탄리, 강구면 금진리 · 하저리 · 삼사리, 남정면 남호리 · 구계리 · 원척리 · 장사리 · 부경리를 지목하고 있어, 현재 영덕 대부분의 지역에서 소금이 생산되었음을 알 수 있다.

영덕과 가까운 울진지역에서도 소금이 생산되었다. 조선시대 울진지역은 행정적으로 삼척부에 포함되었는데, 세종28년 1446년 기록에 의하면 "강원도 삼척에는 철로 만든 대형그릇 9개로 수군 60명이 40일 동안에 소금을 구워 만든 것이 1백 70석인데, 잘 팔아서 얻은 것이 베布 73필, 잡곡 32석이고, 교환하고 남은 소금이 20석"이라고 기록하고 있다.[37]

35 權近, 『陽村集』 권11, 「寧海府西門樓記」. "侯曰。國家不以我不肖。委以方面。爲民司命。沿涯煑海之民。獨非國家蒼生歟" 한국고전종합DB(https://db.itkc.or.kr).

36 영해도호부 편 염분 조, 자염분 86척 내에 공염분 43척, 사염분 36척, 축산포군수염분 7척(寧海都護府篇, 鹽盆 條 煮鹽盆八十六隻內貢鹽盆四十三隻私鹽盆三十六隻丑山浦軍須鹽盆七隻) 영덕현 편 염분조, 자염분 152척 내에 공염분 58척, 오포군수염분 6척, 사염분 88척(盈德縣 篇, 鹽盆 條 煮鹽盆一百五十二隻內貢鹽盆五十八隻烏浦軍須鹽盆六隻私鹽盆八十八隻). 이완섭 외, 『영덕사료집』, 영덕문화원, 2003, 36 · 47쪽.

37 義鹽色啓: "今各道敬差官試驗煮鹽, 江原道 三陟鐵盆九所, 役船軍六十名, 四十日煮鹽一百七十石, 和賣得布七十三匹, 雜穀三十二石, 餘鹽二十石。"

영덕지역 동해안 염전 분포[38]

염전 지도 (네이버지도 1:5만)	번호	현재 행정면
	1	병곡면 백석리
	2	병곡면 병곡리
	3	병곡면 영4리
	4	병곡면 거무역리
	5	병곡면 원황2리
	6	병곡면 덕천리
	7	영해면 대진리
	8	축산면 경정1리
	9	영덕읍 석리
	10	영덕읍 오보리
	11	영덕읍 대탄리
	12	영덕읍 하저리
	13	영덕읍 금진리
	14	강구면 오포 3리
	15	강구면 삼사리
	16	남정면 남호리
	17	남정면 구계리
	18	남정면 원척리
	19	남정면부흥1리
	20	남정면 장사리
	21	남정면 부경2리

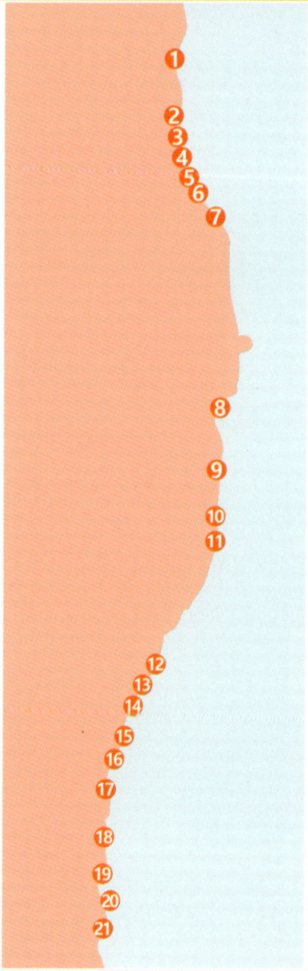

38 강중휘, 「영덕지역의 전통 자염 문화연구」, 『도서문화』 59, 도서문화연구회, 2022, 64쪽.

동해안 지역은 해안선이 완만한 형태이기에 바닷물을 막아주는 만이 형성되지 않았고, 갯벌이 발달하지 않아 염전 조성이 상대적으로 어려웠다. 그래서 조선시대 이전에는 해수를 가마솥에 넣고 직접 끓여서 물기를 증발시키는 방식으로 소금을 생산했다. 그러나 17~18세기경부터 인공으로 갯벌과 유사한 환경으로 염전을 조성하고, 인력으로 해수를 퍼 올려 더욱 짠 소금을 머금은 함토를 생산하는 방식인, 이른바 양빈식養濱式 염전이 조성되면서 소금 생산량이 늘어났다. 동해안에서는 염전鹽田을 염판鹽板이라고 불렀으며 동해안 지역의 염판 설비는 남해안이나 서해안과 유사하지만 지역적 특성을 고려한 구성을 가지고 있다.

동해에는 산에서 바다로 이어지는 이른바 해식애海蝕崖가 형성되어 있어 자염 생산에 필요한 땔감나무의 확보에 유리하였기에 동해의 특성을 살린 자염생산 방식이 발달한 것이다. 또한 영덕지역은 연중 해류의 영향을 받아 온도 차이가 많지 않은 기후였고, 여름에는 일조량이 많고 겨울은 경북 내륙지역과는 달리 줄곧 영상의 기온으로 따뜻한 편이어서 자염생산의 핵심 작업이 되는 함토의 제작과 건조가 비교적 수월한 점도 유리하게 작동하였다.

이렇게 동해안 최대 염전밭인 영덕 지역에서 생산된 자염이 경북 내륙으로 유통되었음은 물론이다.[39]

흉년을 극복한 소금 농사

부산지역 명지도鳴旨島와 녹도鹿島에서 생산된 소금은 안동의 토산품인 은어를 따라 올라와 경북 내륙으로 유통되었다.

명지도는 낙동강 하구에 위치한 섬으로 현재 부산광역시 강서구 명지동이다. 명지도가 경상지역 대표 소금 특산지로 성장을 시작한 것은 영조 7년(1731) 경상

39 강중휘, 위의 논문, 2022, 58쪽.

도 전라도를 포함한 지역에 가뭄으로 대흉년이 들자 이에 대한 대책으로 염전을 조성하면서부터이다. 특히 박문수朴文秀는 염전 조성에 적극적이었고, 그의 노력으로 명지도는 염전의 중심지로 부각 된다. 영조 15년(1733) 류건柳謇의 보고서에는 "(명지도) 백성들은 거의 모두가 소금을 굽는 일로 업을 삼고 있습니다"[40]라는 내용이 있어 단기간 소금 생산지로 급부상했음을 알 수 있다.

명지도에서 생산된 소금은 낙동강을 따라 내륙으로 활발하게 유통되었다. 이 같은 정황은 정약용이 저술한 『경세유표』에 잘 드러난다.

> 상주의 여러 고을은 동쪽으로 영해, 평해와 3~4백 리 떨어져 있는 데다, 산길이 몹시 험하여 수레에 싣고 지게를 진다고 해도 동해의 소금이 미치지 못한다. 그러므로 낙동강 상류 좌우 연안의 여러 고을은 모두 남쪽 소금을 먹는다. … 나라 안에서 소금으로 얻는 이익은 영남 같은 곳이 없다. 명지도에서는 매년 바닷물을 끓여서 소금을 수천 석, 수만 석씩 만든다. 드디어 낙동강 상류 상주에 별도로 소금 창고를 설치하고 소금창고 감사관을 파견하였다. 이들이(얻는 이익은) 수천만 정도 추산된다. 구미 해평에도 매년 소금 일만 석이 조달된다. 소금 이익이 나라 안에서 으뜸임을 이것으로 알 수 있다.[41]

정약용의 글은 동해, 남해를 합쳐 최대 소금 생산지로 명지도 녹도를 지적함과 동시에 명지에서 생산된 소금이 상주까지 배로 유통되었다는 것을 명확하게 알려주고 있다. 그리고 낙동강 뱃길로 경북 내륙까지 이동한 소금이 또 다른 안동 간고등어의 식량이 된 것이다.

40 『承政院日記』, 영조 15년 7월 13일, "… 故民人擧皆煮鹽為業"

41 『經世遺表』 14, 役事目追議,鹽稅, "… 尙州諸縣 東距寧平之海 三四百里 山路極嶮 雖輦輸擔負 而東海之鹽 無以波及 故潢水左右沿諸邑皆食南微之鹽 國中鹽利 莫嶺南若也 即鳴旨一島〈在金官海中〉 歲煮鹽累千萬石 遂於洛東浦上〈在尙州〉 別置鹽倉監司 歲算千萬 而海平古縣 歲致鹽萬石 鹽利之甲於國中 卽此可知"

낙동강 은어와 함께 온 명지 소금

전해오는 이야기는 낙동강 소금배가 안동의 대표적인 대항나루, 더 상류로는 예안장터까지 올라왔다는 이야기가 담론처럼 떠돌아 다녔다.[42] 소금배가 낙동강을 따라 올라왔다는 것은 소금과 더불어 고등어와 같은 어물도 함께 배로 이송이 가능하다는 것을 말한다. 이렇게 이송된 소금과 어물은 새롭게 안동간고등어로 태어났을 것이다.

낙동강을 왕래하는 배는 돛과 노(제미)로 움직이는 배가 대부분이었고, 바닥이 평평하여 수심이 낮은 곳에서도 운항이 가능한 것들이었다. 낙동강 배는 소금을 운반하는 배와 일반화물을 운반하는 배로 나누어 살펴볼 수 있는데,[43] 낙동강을 거슬러 내륙으로 올라갈 때는 소금을 싣고, 내려올 때는 농산물이나 화물을 싣고 오는 배들이 많았다. 따라서 낙동강을 오르는 배의 상당량이 소금을 주요 화물로 삼았다는 것을 짐작할 수 있다.

낙동강을 왕래하는 큰 배는 500석, 작은 배는 150석 정도의 화물을 실을 수 있었다. 500석을 운반하기 위해 큰 배는 뱃사공이 5~6명이 필요하였다. 소금을 나르는 배에는 소금을 싣는 공간 외에 감방이라는 음식을 하는 공간과 잠을 자는 공간이 별도로 있었다. 낙동강 하구에서 소금을 싣고 출발한 배는 왜관을 기점으로 왜관 이상의 상류로 운반할 때는 평저선을 이용하였다. 평저선은 배가 수면 아래로 거의 내려가지 않고, 운항할 수 있도록 바닥을 평평하게 만든 배를 말한다. 낙동강 상류에서 운행되는 배는 거의 평저선이었다. 가령 도산서원 앞을 흐르는 낙동강을 건너 섬촌까지 갈 때도 바닥이 평평한 배로 사람들과 짐들을 실어 날랐다.

---

42 필자가 태어난 도산면은 예안장터와 가까워, 주민들은 늘 예안장터까지 소금배가 올라왔다는 이야기를 농담처럼 들으면서 자랐다. 그러나 실제 예안장터까지 소금배가 올라왔다는 것은 확인할 수 없다.

43 김재완, 『19世紀末 洛東江流域의 鹽 流通 硏究』, 서울대학교대학원 박사학위논문, 1999.

1960년대 하회마을 앞을 다니던 배도 바닥이 평평한 평저선이었다. 류한욱 제공

1920년대 말 낙동강의 수심은 밀양 1.5m, 외관이 1.21m, 상주 낙동진이 1.09m로 상류로 올라갈수록 낮아졌다. 화물을 실은 배는 수면으로부터 1.5m정도 내려가기 때문에 강 수심은 최도한 약 1.4m가 되어야 화물를 실은 돗단배가 다닐 수 있다.[44]

낙동강의 경우 장마철을 전후한 시기에는 수심이 깊어져 상류까지 배를 운행할 수 있는 여건이 만들어지지만, 건기에는 배가 운행되기 어렵고, 특히 12월부터 2월까지의 결빙기에는 운항이 정지되었다.

조선 초기 배를 이용한 화물 운송의 종점은 상주 낙동진, 예천 삼강 정도였다. 그러나 큰 배가 비교적 용이하게 올라갈 수 있는 종점은 왜관이었다. 그보다 내륙으로의 이동은 물이 많을 경우 상주 낙동진, 예천 삼강까지는 비교적 큰 100석 규모의 화물배를 이용한 후, 다시 짐을 내려 작은 배로 옮겨 상류까지 이동시켰다. 삼강에서 내린 물건을 다시 작은 배로 옮겨 안동까지 오는데, 물이 불었을 때 30~40석 정도를 운송할 수 있었다.[45]

배를 이용하여 낙동강을 거슬러 소금을 이동시키는 기간은 부산에서 낙동까지 수심이 얕을 경우 약 한 달 정도 소요되었다. 수심이 깊을 때는 기간을 단축할 수 있지만, 강에 물이 없을 경우에는 배를 끌기도 하고, 작은 배로 다시 옮겨 싣고 이동해야 하기 때문에 매우 많은 기간이 소요된다. 1907년 낙동강을 통해 상주까지 이동한 소금의 양은 2만 석으로, 이 소금의 상당량이 안동권역으로 유통된 것으로 추정된다.

예천이 고향인 전성천이 1976년에 쓴 수필집에는 낙동강을 통해 안동과 예천을 오간 소금배를 자세하게 묘사하고 있다.

---

44 이근우 · 신명호, 「19세기 전후 낙동강 河口地域의 소금생산과 소금선운에 관한 연구」, 『인문사회과학연구』 9, 부경대학교 인문사회과학연구소, 2007, 72쪽.

45 이근우 · 신명호, 위의 논문, 2007, 76쪽.

이 고장 사람들에게 유일한 교통수단으로는 이 소금배가 있었을 따름이었다. 200리 저 밖에 있는 동해의 울진에서 당나귀 등을 이용해서 운반되는 미역, 다시마, 청어, 고등어 등 해산물 외에 대부분의 새 문물이 이 소금배로 운반되었으니 소금배는 다시 없이 반갑고 귀한 것이었다. 우리 동네 앞을 드나드는 소금배는 왜관에서 안동까지 왕래하는 것이 보통인데 작은 배에는 두세 사람 정도, 큰 배는 육칠 명의 기운 센 젊은이들이 밧줄을 어깨에 메고 유달리 거센 우리 동네 앞의 낙동강 물을 거슬러 안동으로 향해 배를 끌어 올리는 것이었다. 이 배들은 안동에서 왜관으로 내려갈 때에는 소금 대신 벼를 비롯한 이 고장의 온갖 농산물을 가득히 싣고 콧노래를 불러가며 몸 가볍게 흘러 내려간다.[46]

소금은 少金

간고등어의 먹이인 소금은 작은 금이라는 이름에서 보듯 가격이 만만치 않았다. 소금값은 지역에 따라 달랐는데, 중종조 기록은 해안가 소금이 나는 곳은 소금 한 말값이 조租 한 말에 해당되었지만 산골에서는 조 2말과 교환되었다.[47] 영조 16년에는 관동에서는 소금 1석의 값이 곡식 수십 석에 해당한다고 하였다.[48] 정조 22년의 기록에는 낙동강 유역에서는 소금은 1석에 7량이라고 기록하고 있다.[49] 당시 쌀 1석이 3량이라는 것을 감안하며 매우 비쌌 물건이었다.

소금은 바다에서 생산되지만 소금을 생산하는 과정에서 땔감 나무를 구비하는 일, 소금밭에 더욱 짠 소금을 만드는 일, 소금을 추출하는 일 등을 감안하면 농사에 비하여 품이 적게 들어간다고 보기 어려웠다. 특히 자염생산에서 가장 문제

46 전성천, 「낙동강 소금배」, 『현대문학』 11월호, 현대문학사, 1976.

47 海邊各官則鹽賤穀貴, 故鹽一斗直租一斗, 山郡則鹽貴穀賤, 故鹽一斗直租二斗. 『중종실록』 31, 12년(윤)12월 18일.

48 "關東各邑(중략)石足當數十石穀" 『備邊司謄錄』 영조 16년 12월 10일.

49 "公船到泊洛東 以七兩價發賣." 『日省錄』 정조 22년 4월 27일.

시 되었던 것인 바로 땔감나무인데, 염전으로 인하여 산림이 황폐화된다는 기록은 조선왕조실록에서 심심치 않게 보인다.

중종실록에서 보듯 내륙에서 소금은 매우 비쌌고, 상대적으로 소금이 생산되는 해안가는 쌌다고 짐작된다. 그러나 해안가라도 소금을 넉넉하게 사용할 수 있는 것은 아니었다.

간고등어를 만들기 위해서는 한 손당 많은 소금을 쳐야하고, 이것은 그대로 소모되는 품목이기에, 간고등어로 만들어서 내륙으로 판매 할 경우, 고등어 + 소금값 그리고 여기에 이동하는 동안의 인건비와 체류비가 포함되어야 하므로, 해안가 고등어에 비하여 매우 비싼 가격을 받지 않으면 안 되었다.

간고등어 맛은 소금맛

간은 소금이다. 간고등어의 맛은 간이 배야 맛있다. 즉 간고등어 맛은 소금 맛인 것이다. 따라서 소금이 맛있어야 간고등어도 맛이 있다. 대장금 이영애가 말하길 좋은 소금은 손에 묻지 않고, 짠맛 뒤에 단맛이 난다고 했다. 낙동강을 거슬러 온 은어가 안동에 와서야 임금님의 진상품이 되는 것과 같이, 동해와 명지도 소금이 안동에 와서 안동간고등어를 만든 것이다.

그런데 안동간고등어는 여기에 하나가 더 추가된다. 바로 안동문화가 만든 축적된 맛이다. 맛있는 동해 소금과 남해 명지 소금에 안동문화의 힘이 가미되면서 안동간고등어의 풍미가 더욱 깊어진 것이다.

06

문학 예술 속 안동간고등어

시인 신경림의 안동간고등어

바다에서 벗어난 고등어는 소금을 먹으면서 내륙 안동에서 간고등어로 다시 태어나지만, 여전히 서민들의 손에 쉽게 잡히는 어물은 아니었다. 그래서 간고등어는 가족 축제(?) 음식이었다. 간고등어를 굽는 냄새는 사람들을 불러 모았고, 간고등어 나누어 먹으면서 가족의 화합을 이끌었고, 미덕을 불렀다. 말하자면 안동간고등어가 내륙으로 달려와 서민들의 음식상을 방문하면, 서민들의 식사는 축제로 바뀌었던 것이다.

안동지역의 손님맞이와 제사에 간고등어가 사용되는 것은 어쩌면 이 같은 이유도 있지 않을까! 가족 같은 사람들이 찾아오면 안동간고등어는 우정을 확인하는 매개체였고 극진한 제사에 간고등어는 빠질 수 없는 정성이었다.

문학과 예술은 이러한 간고등어를 주목하였다. 고등어에 배어 있는 간은 서민들의 질긴 삶을, 간고등어의 비린내는 삶의 아픔을, 수저 위에 올려진 간고등어로 정감을 나누는 우리네 이웃을 주목하였다.

전우익선생이 쓴『혼자만 잘 살믄 무슨 재민겨』의 서문에 시인 신경림은 간고등어에 대한 추억을 다음과 같이 담았다.[50]

> 전우익 선생을 나는 늘 간고등어와 함께 생각하게 된다.
> 우리가 다같이 간고등어를 좋아하는 것을 안 것은 80년대 초엽 내가 봉화로 그를 찾아갔을 때다.
> 그는 간고등어가 중요한 찬이 되어 있는 밥상을 내놓으며 "산골이라 먹을 게 이것밖에 없는기라"라고 했지만 나는 딴 데는 젓갈도 대지 않은 채 간고등어만 해서 밥 한 사발을 다 먹고 더 달래서 먹었다.
> 그러자 그는 웃으면서 말했다. "하긴 신선생 고향은 여기보다도 더 산골이니까."
> 다음날 함께 안동의 권정생선생한테로 가면서 장에 들러 큰 고등어 한 손을 샀다.

50 전우익,『혼자만 잘 살믄 무슨 재민겨』, 현암사, 2011.

홀아비 살림인지라 별 찬이 있을 턱이 없었지만, 나는 밥을 너무 맛있게 먹었고, 술을 마시면서도 간고등어말고 다른 안주에는 손도 대지 않았다.

다음부터 전우익 선생이 "신선생니임, 저 서울에 왔으니더" 하고 전화를 해서 인사동께로 나가보면 그는 비닐봉지에 둘둘 말아싼 물건부터 내밀었다.

"간고등어니더, 안동장에서 안 샀느겨." 펴보면 확 비린내를 풍기는 간고등어가 두세 손씩 들어 있고는 했다.

내가 좋아한다고 해서 일부러 안동장엘 들러 사가지고 오는 것은 고마웠지만, 그 비린내 나는 것을 들고 일여덟 시간 완행열차에서 시달렸을 일을 생각하면 민망했다. 그래서 한마디 하면, "간고등어는 산골 것이어야 제맛이 나니더"라는 것이 그의 변명이었다.

물론 나는 맛있게 먹었다. 문제는 우리집에 간고등어광이 어머니와 나 둘뿐이라는 점이었다. 서울 먹거리에 익숙한 아이들은 고등어에 손을 대기는 고사하고 냄새 난다고 아예 상을 따로 차리기가 예사였다.

이러니 고등어가 빨리 없어질 수가 없었다. 어쩌다 전우익선생이 한 달에 두 번 올라오는 경우 우리집 냉장고는 고등어 보관창고가 되었다. 이 사실을 전해 들었는지 어느날 빈 손으로 올라온 그는 말했다. "요즘 아이들은 제대로 맛을 모르는 기라."

남한강 목계나루 터잡이 시인 신경림 시인도 안동간고등어를 매개로, 친한 분들과의 인연을 추억하고 있었고 기어이 한 편의 시를 완성해 안동간고등어에 문학적 양념을 더한다.

간고등어[51]

-봉화의 전우익 선생에게

51 신경림, 『기행 시집 길』, 창작과비평사, 1991.

서울 왔다고 전화해서 나가보면
손에 두어 손 간고등어가 들렸다.
왕골자리 매어 바꾼 돈으로
안동장에 가서 산 간고등어
의자보다 땅바닥이 편하다고
아무데서나 쭈그리고 앉길 좋아하는 그는
때로는 어울리지 않게
허리춤에 단소를 꺼내 들고는
수자리 살다가 도망온 신라병정 같은
꺼벙한 눈을 두리번거리면서
안동에서도 외진 골 촌사람 권정생과
박달재의 젊은 판화쟁이 이철수 얘기를 한다
알궂은 세상은 그를
착한 농민으로 살게 두지를 않아
옥살이로 옥바라지로
몇 뙈기 안되는 땅 다 날리고
이제 남은 것은 텃밭뿐이지만
그는 소금에 절은 간고등어 들고
험한 세상 곳곳을 누비면서 사람도 만나고
진짜 농군이 되는 법도 가르친다.

마음이 편해야 안동간고등어도 좋다

필자도 안동간고등어와 관련된 권정생 선생에 대한 기억이 있다. 가난한 부자 권정생 선생은 일직 조탑리 하천 부지에 흙벽돌과 양철판 지붕으로 지어진 무허가 집에서 살았다. 한 사람이 겨우 누울 정도의 두 칸짜리 아주 작은 집이었는데 한 칸은 부엌으로, 다른 한 칸은 주무시는 방인데, 두 칸 모두 책이 방 2/3이상을 차지하고 있었다. 평생 결핵을 앓았던 권정생 선생은 늘 몸을 구부리고 방에서 라디오를 들었다. 특히 즐겨 들었던 라디오 프로그램이 서민들의 사연이 담긴 편지로 만든 "여성시대"였다. 권정생 선생에게 여성시대는 감동을 배달하는 배달부였고 시대를 이해하는 통로였다.

안동지역 문화활동가들은 평소 권정생 선생을 자주 찾아 뵈었는데, 나도 가끔 선생을 찾아뵈었다. 혼자 계시는 권정생 선생에게 어느 날 박스로 포장된 상품 안동간고등어를 들고 갔다. 포장된 안동간고등어를 받아들고, 권정생 선생은 조

권정생 선생이 살던 집

금 불편한 표정을 지으시더니만, "그냥 시장에 가면 간고등어를 싸게 먹을 수 있는데, 먹지도 못하는 포장을 이렇게 크게 하고서는 비싸게 만들어서"라고 말씀하면서 "다음부터 이런 거는 사오지 말라"라고 하는 것이었다. 그날 이후 나는 권정생 선생을 찾아뵐 때는 일직에 있는 안동간고등어 공장에서 가서 상품이 되지 못하는 작은 크기의 간고등어를 얻어 검은 봉지에 싸서 권정생 선생에게 드렸다. 참고로 안동간고등어는 크기가 큰 것이 더 맛있다. 그러나 맛보다 마음이 편해야 좋은 음식이라는 것을 그때 알았다.

안동간고등어를 독차지하기 위한 주인의 심술

안동의 시인들은 모두 안동간고등어에 대한 한두 개의 에피소드를 가지고 있는 듯 하다. 그리고 시적 흥취가 오르면 시로 남기기도 한다.

시인을 고집하고, 시인으로 남고 싶어한 시인 안상학도 그러한 사람 중 한 명이다. 그에게 안동간고등어는 이런 맛이었다.

간고등어[52]

> 전우익 선생 생전 어느 날 귀내마을 그의 집에 갔을때 일이다. 때마침 저녁을 지으려고 쌀을 씻으려던 양반이 찾아든 손들을 보고 반색을 하며 사람 수대로 쌀 한 주먹씩 더해 밥을 안치고는 접대를 하겠다며 부엌 실정에 매어달린 쩔어빠진 간고등어를 내리는데 난데없이 구데기가 툭툭 떨어지는 것이 아닌가. 손들의 표정이 말이 아니었는데 그 양반은 보란 듯이 간고등어 배때기를 열고 그것들을 마저 털어내고는 여상시리 아궁이에 밀어 넣고 입맛을 쩍쩍 다셔 가며 구워내는 것이었다. 이윽고 밥상이 차려지고 저녁을 먹는 중에도 손들의 수저질은 영 마뜩찮았

52 안상학, 『남아있는 날들은 모두가 내일』, 걷는사람, 2020.

는데 주인장은 바싹구운 놀노리한 간고등어를 먹어 보라며, 왜 안 먹느냐며, 맛있다며, 끝내는 혼자서 대가리까지 바수어대며 종래에는 손가락까지 쪽쪽 빨아대는 통에 어느 손은 속이 메슥거려 슬그머니 빠져나가 뒷간으로 갔었는데 아뿔싸 거기서도 바글거리는 그것들을 보고는 그만 밥 먹을 때 할 이야기는 못될 일을 저지르고 말았다는.

간고등어에 구데기가 있지만, 그것을 씻어서 맛있게 먹은 경험은 사윤수 시인의 경험담에도 나온다, 경북 청도가 고향인 그녀는 '구데기 새끼가 꼬물꼬물 슨 간고등어를 나보고 우물에 가서 씻어오라던' 큰 외숙모를 기억한다.[53]

챗거리 장터가 고향인 시인

유안진의 시집에도 어김없이 간고등어 이야기가 나온다. 그의 고향은 안동 그중에서 안동간고등어가 시작되는 챗거리 장터 인근이다. 어쩌면 챗거리 장터에서 바지게꾼(보부상)이 지게, 혹은 우마차 위의 안동간고등어의 맛의 홍취를 가장 먼저 접하면서 자랐을지도 모르는 그녀는 안동간고등어를 다음과 같이 기억한다.

간고등어 한 손[54]

아무리 신선한 어물전이라도
한물간 비린내가 먼저 마중 나온다.
한물간 생은 서로를 느껴 알지

53 "나의 살던 고향은<63>", 『매일신문』, 2012. 9.22일자 칼럼.
54 유안진, 『다보탑을 줍다』, 창비, 2004.

죽은 자의 세상도 물간 비린내는 풍기게 마련
한 마리씩 줄 지은 꽁치 옆에 짝지어 누운 간고등어
껴안고 껴안긴 채 아무렇지도 않다.

오랜 세월을 서로가 이별을 염려해온 듯
절어든 불안이 배어 올라가 푸르리야 할 등줄기까지 뇌오랗다
변색될수록 맛들여져 간간 짭조롬 제 맛 난다니
함께한 세월이 갈수록 풋내나던 비린 생은
서로를 길들여 한가지로 맛나는가

안동간고등어요
안동은 가본 적 없어도 편안 안(安)자에 끌리는지
때로는 변색도 희망이 되는지
등푸른 시절부터 서로에게 맞추다가 뇌오랗게 변색되면
둘이서도 둘인 줄 모르는
한 손으로 팔리는 간고등이 한쌍을 골라든
은발 내외 뒤에 서서 차례를 기다리는 반백의 주부들

아픈 세월을 겪어야 안동간고등어!

안동은 안동간고등어 문화권이다. 안동, 영주, 의성, 예천 등 경북북부권이 거의 포함될 것이다. 영주의 시인 권석창에게 간고등어는 이런 맛이었다.

간고등어

온몸에 가시를 박고 살다가
자글자글 불에 구워져
내 밥상에까지 왔구나
누군가 소금까지 뿌렸구나
얼마나 아픈 세월이었느냐
이제 가시를 발라주마

안동간고등어를 보면 삶의 아픔을 느끼는 시인은 또 있다. 안동지역 여성시인 박순화는 이렇게 읊고 있다.

안동간고등어[55]

등 무늬
서슬 퍼런
거센 파도 꿈꾸는가

싸늘한
좌판위에
비린만큼 슬픈 두 눈

필연의
끼워진 만남
속살 맞대 누운 채로

55 박순화, 『안동간고등어』, 영남사, 2010.

그리고 또 예술 속 안동간고등어

문화창작 도시 안동이 서민의 삶으로 만들어진 테마 안동간고등어를 놓칠 리 없다. 연극 "신웅뷰뎐", "고등어찜닭에 빠진날" 등의 연극을 통해 안동을 대표하는 두 음식인 안동간고등어와 안동찜닭을 유쾌하게 그려냈다. 그림으로도 안동간고등어를 담았고, 사진으로 많이 담았다. 식객 시리즈를 내고 있는 만화가 허영만도 안동간고등어를 지나쳐 갈 수는 없었다. 간고등어로 요리 대결을 펼치는 내용으로 처음 "안동간고디"로 출판했다가 자반고등어로 책명을 바꾸었다.

대중가요는 그 시대의 정서를 대변한다. 산울림이 부른 "어머니와 고등어"는 간고등어에 담긴 가족애를 담아내어 노래하고 있다. 아들을 주기 위하여 고등어에 소금을 쳐서 맛있는 간고등어를 만든 어머니의 흐뭇한 사랑이, 그런 어머니를 보기만 해도 좋다는 아들의 천진한 마음이 그대로 들려오는 노래이다.

고등어 찜닭에 빠진날 포스터

청초 이순섭씨의 안동간고등어

어머니와 고등어

한밤중에 목이 말라 냉장고를 열어보니
한 귀퉁이에 고등어가 소금에 절여져 있네
어머니 코 고는 소리 조그맣게 들리네

어머니는 고등어를 구워주려 하셨나 보다
소금에 절여놓고 편안하게 주무시는구나
나는 내일 아침에는 고등어 구일 먹을 수 있네

어머니는 고등어를 절여 놓고 주무시는구나
나는 내일 아침에는 고등어 구일 먹을 수 있네
나는 참 바보다 엄마만 봐도 봐도 좋은 것

작품에서 간고등어는 서민의 삶을 그대로 대변한다. 간고등어를 생각하면 화려하지 않지만 따스한, 고급스럽지 않지만 귀한, 결코 저렴하지 않은 삶에서 우러나오는 그 울컥한 마음이 느껴진다.

간고등어을 보면 삶이 따스해지는 것을 보면 산울림의 “어머니와 고등어” 노래처럼 우리는 참 바보인 듯하다. 간고등어만 봐도 봐도 좋으니….

07

고등어류 고등어과

생물 고등어

고등어는 생물학적으로 고등어류mackerels 고등어의 과목은 Scombridae이다. 우리나라와 중국, 일본 등지에서 잡히는 고등어는 온난지대, 혹은 온대지역에서 주로 잡히는 종으로 학명은 Scomber japonicus 이며 표준어 고등어Chub mackerel를 지칭한다.

점고등어Blue/Spotted mackerel로 불리는 Scomber australasicus는 일본 먼바다 · 호주 · 뉴질랜드 등 서태평양과 인도양 일부에서 잡히는 고등어이다. 대서양고등어Atlantic mackerel로 불리는 Scomber scombrus는 북대서양에 주로 서식하고 있고, 대서양 실고등어Atlantic chub mackerel로 알려진 Scomber colias는 동 · 서대서양 및 지중해에서 잡히는 고등어다.

한국에서 고등어라고 불리는 종은 보통 S. japonicus이며, 드물게는 S. australasicus(점고등어)도 보인다. 두 고등어의 특징은 등 쪽에 짙은 물결 무늬 혹은 줄무늬를 가지고 있다. 일반적인 고등어는 몸 아랫부분이 깨끗하지만, 점 고

스리랑카 수산시장에 나온 인도양 고등어

등어는 상대적으로 작은 점무늬가 산발적으로 존재한다. 고등어는 등지느러미가 앞뒤로 2개이고, 뒤쪽에 작은 보조 지느러미가 여러 개 있다. 고등어도 작은 비늘이 있으며 약간 투명하고 미끈해서 눈에 잘 보이지 않는다.

일반적으로 고등어는 30~40cm가 흔하고 최대 50cm 이상 자란다. 간고등어를 유통하는 사람들은 "고등어가 클수록 맛이 있다"고 한다.

고등어는 내륙붕, 즉 바나물의 깊이 200m정도까지 서식하며 군집 생활을 한다. 어군으로 생활하고 이동하기 때문에 대량 포획이 가능하다. 활동이 가능한 수온은 대체로 10°~26° 정도이나, 17°~22°에서 움직임이 활발하다. 먹이를 따라 북상하거나 남하하는데, 한국 연안에서는 겨울철에 바닷속 깊은 곳으로 이동하는 경향이 있다.

고등어의 수명은 5~8년 정도이다. 봄 여름 시기에 주로 바다 수면 가까이에 산란하고, 바다를 떠다니다 2~5일이 지나면 부화한다. 치어로 2개월까지는 플랑크톤을 먹으며 자라다가, 1~2년 기간이 되면 성어로 크게 성장한다. 성어가 되면 멸치, 정리 치어, 크릴 등을 먹으며 살아간다. 동시에 고등어는 참치와 방어류 혹은 바다위의 새 먹이가 되기도 한다. 한편 산란을 하면 수분이 떨어지고 체지방이 감소하기 때문에, 지방을 축적하는 가을 겨울 시기에 요리하였을 때 맛도 좋다. 봄 여름에 고등어를 잡으면 가볍게 먹지만, 가을 겨울에 잡은 고등어는 맛이 좋아 간고등어로 만들어 먹는다.

한국에서 고등어는 동,남,서해안에 모두 어획되는 어종이며, 특히 동해안과 남해안에서 많이 잡힌다. 봄철에는 제주도 성산포 연안이나 남해 부근에서 보이기 시작하여, 이후 점차 북상한다.

고등어는 성장이 빠르고 산란하는 수도 많지만, 환경과 먹이군, 해수의 변화에 따라 고등어 개체의 수는 변화가 심해서 국제적으로 허용되는 어획량을 정하는 등 규제를 하고 있다. 한편 고등어를 잡은 사람들은 최근 고등어 어획량이 줄어들지는 않지만, 큰 고등어가 많이 잡히지 않아 간고등어을 만들 수 있는 고등어의 개체수는 점점 줄어든다고 한탄한다. 무작위적으로 고등어를 싹쓸이하기보다는 어린 고등어를 잡지 않는 방법을 찾아야 하지만, 지금의 고등어 어획 방식, 즉 선단을 구성하고, 그물을 연결하여 잡는 방식으로는 어린 고등어를 구별하여 잡기란 쉽지 않다는 것도 현실적인 과제이다.

한국 전통 고등어 기록

한국 전통사회에서 어류를 기록한 대표적인 두 서적인 『우해이어보牛海異魚譜』와 『자산어보玆山魚譜』에도 고등어에 대한 기록이 보인다. 담정藫庭 김려金鑢가 1803년에 저술한 『우해이어보』에는 모두 53종의 어종이 수록되어 있는데, 여기에 고등어는 별도의 항목으로 기술되어 있지 않다. 다만 석편자石編子 즉 현재 표준어 명 '방어'를 설명하는 과정에서 그 맛이 고등어와 유사하다는 내용이 있는 것으로 보아, 당시 고등어는 보편적인 어류이자 기준이 될 만한 어류라는 것을 알 수 있다.[56]

『우해이어보』가 저술된 지 약 11년 후 1814년 정약전이 흑산도의 어류를 관찰하고 편찬한 책이 『자산어보』이다. 총 3권으로 구성된 이 책의 1권은 인류鱗類 즉 비늘이 있는 물고기 73종에 대해 기술하고 있다.[57] 자산어보에 고등어 명칭은 벽문어碧紋魚로 명명하고, 속명俗名 고등어皐登魚로 기술하고 있어, 당시에도 고등어로 불려지고 있음을 알 수 있다. 『자산어보』의 고등어 설명은 "길이가 2자 가량이고, 몸은 둥글고 비늘은 아주 가늘다, 등은 푸르고 무늬가 있으며, 맛은 달고 시큼하며 탁하다. 국을 끓이거나 젓을 만들 수 있으나 회나 어포로 만들지 않는다"로 기재되어 있다.[58] 주목할 것은 가염可鹽 즉 "염장을 한다"는 내용

56 편編은 방魴과 유사하다. 머리에 석수石首가 있어 조기와 같다. 고기 맛은 고등어와 유사하다. 토착인은 석방石魴이라고도 한다. (鯿似魴 頭有石如石首魚 味似古刀魚 土人謂之石魴)

57 참고로 2권은 비늘이 없는 물고기인 무린류無鱗類 44종, 껍질이 딱딱한 개류介類 67종을 3권은 잡류雜類 45종을 한자어, 고유어, 형태나 생태 및 생산지 등으로 기술하였다.

58 長二尺許體圓鱗極細 背碧有紋味甘酸而濁 可羹可鹽而不可繪鱐, 김홍석, 『우해이어보와 자산어보 연

이다. 『자산어보』에는 가식可食 즉 먹을 수 있는 것과, 가갱可羹 국으로 먹는다는 것을 내용과 함께 표기하고 있는데, 고등어는 국으로도 먹지만, 염장을 해서 먹는다는 것을 구체적으로 명시하고 있는 것이다. 가염이라는 내용을 다른 어종에는 많이 사용하지 않은 것으로 보아, 특별히 이때에도 고등어는 간고등어로 만들어 유통되거나 먹었다는 것을 추측할 수 있다.

이외 한국 고서에 등장하는 고등어는 『재물보才物譜』(1798)에 고도어古道魚, 『경상도속찬지리지慶尙道續撰地理誌』(1469)에 고도어古都魚라고 한 기록이 있다. 그 외에 조선시대 문헌에서 고등어는 고도어古島魚, 고등어古等魚, 고동어古同魚·古洞魚·高同魚, 고망어古亡魚, 등필이어登必伊魚, 고돌이어古突伊魚라고 기록하고 있다. 고도어古刀魚라는 이름은 『동국여지승람東國輿地勝覽』에 사용된 명칭인데 당시 전라도, 경상도, 강원도, 함경도에서 산출되는 고등어를 전부 고도어古刀魚라는 명칭으로 기록하고 있다.

한편 안동간고등어의 중요한 생산지역인 영덕지역에 대한 고등어 기록은 1530년(중종 25)에 발간된 『동국여지승람』을 증보한 『신증동국여지승람』 제24권 경상도 「영해도호부편」에 토산물로 고등어古刀魚가 보인다. 이로 보아, 최소한 조선시대 이전부터 동해안 영덕지역에서 고등어가 났으며, 이것은 『자산어보』에 기록된 것처럼 가염해서 안동으로 이동되었을 것으로 추정된다.

구』, 한국문화사, 2022, 100쪽 재인용.

08

귀한 어물 안동간고등어

문화적 요리의 기본

2000년대 초로 기억한다. 한국의 전통탈춤꾼들이 경남 통영시에서 춤판을 펼쳤는데, 그때 고등어 이야기가 나왔다. 나는 "고등어는 안동간고등어죠"라고 했더니 고성오광대의 황종욱 총무가 어이없다는 표정을 짓더니, "싱싱한 고등어를 놔두고, 왜 소금을 쳐서 먹냐고, 그건 고등어에 대한 모욕이라고, 고기는 싱싱할 때 맛이 좋다고" 그러나 난 안동사람으로써 날것으로 먹는 것은 문화적인 방식이 아니며, 요리의 기본은 간에 있다고 빡빡 우겼다.

그렇다. 안동간고등어는 문화적 방식으로 만들어진 간고등어의 대명사이다.

제사상에 오른 안동간고등어

바다에서 먹이를 찾던 고등어는 동해를 벗어나 소금을 먹으면서 안동에 오면 제사상에 오르는 영광(?)을 누린다. 안동지역에서 모시는 대부분의 제사에는 간고등어가 제상에 오르는데, 제사상에는 신선하고 신성한 것을 올리는 유가의 전통으로 볼 때 안동간고등어는 다른 지역에서는 볼 수 없는 최대의 대우를 받는다고 해도 과언이 아니다.

서애 류성룡선생의 불천위 제사에도 간고등어가 제사상에 오른다.

제사를 모시기 전 이른 새벽에 시장에 나와 가장 신선한 육류와 어물을 구입하는데, 이때 안동간고등어도 가장 크고 싱싱한 놈을 선택하고 가격을 깍지 않고 구입한다. 그리고 저녁 10시경에 야화를 먹은 후 11시경에 준비한 제물을 제청으로 가져와 유기로 만든 제기에 담아 제청 한 켠에 마련한 상 위에 올리면서 제물을 점검한다. 계적鷄炙, 육적, 어적을 하나의 적틀俎에 담은 것을 도적都炙이라 한다. 어물과 고기를 낮에 장만하였다가 저녁 늦게 적틀 위에 우모린羽毛鱗 즉, 하늘, 땅, 바다에서 나는 제물을 차례로 괸다. 적틀 제일 밑에는 바다에 사는 비늘

2025년 서애선생 불천위제사상 류한욱 제공

있는 어물鱗을 놓는데, 맨 아래에 마른 명태를 깔고 그 위에 고등어, 청어, 상어, 방어, 가오리, 문어 등을 놓는다. 어물 위에는 털이 있는 가축인 쇠고기 편육을 놓고, 그 위에는 깃털羽 조류인 닭을 배가 하늘로 가도록 놓는다. 도적을 제상 위에 놓을 때는 동두서미東頭西尾로 한다. 도적에 올리는 제물들은 날 것으로 쓰는데, 문어는 제사 후 음복용으로 쓰기 위해 살짝 데쳐서 올린다. 이처럼 생고기를 올리는 것은 『예기禮記』에서 말한 혈식군자血食君子라는 데 근거하고 있다. 즉, 군자는 날 것을 먹는다는 것이다. 도적과 비슷한 것으로 제상에 올리는 자반이라는 것이 있다. 서애 종가에서는 기제사 때에는 자반으로 조기 한 마리만 쓰지만 불천위 제사 때는 도적보다 규모를 약간 적게 해서 쓴다. 자반은 적틀 아래에 마른 명태를 깔고 그 위에 고등어, 청어, 상어, 가오리, 방어, 쇠고기를 차례로 고이고 맨 위에 조기를 놓는다.

안동간고등어는 다른 육류, 어물류와 함께 층층이 쌓여져 불천위 제시상에 오르기 때문에 고기의 형태가 구체적으로 드러나지 않지만 분명 제사상에서 자기 역할을 담당한다. 그리고 제사가 끝나면 안동간고등어는 다시 내려져 참여한 사람들에게 음복으로 나누어진다.

안동권씨 복야공파 종가에서도 안동간고등어를 제물로 쓴다.

제사를 모시는 날이 되면 제주는 장보기를 위해 아침 일찍 안동으로 향한다. 제수 값은 깎지 않고 구입해야 하므로 싱싱한 물품을 적정한 금액에 공급해 주는 단골 가게를 자주 이용한다. 오후에는 집에서 주부와 며느리가 제물을 장만하는데, 제물을 장만할 때는 음식에 머리카락 하나, 비듬 하나만 들어가도 신은 흠향歆饗하지 않는다고 믿기 때문에 정성을 다하여 깨끗하게 장만한다. 제수 중에서 편과 적炙은 특히 정성이 많이 들어간다. 편은 본편인 기지떡(증편)을 방앗간에서 해오고 기지떡 위를 장식할 웃기떡은 주부가 집에서 만든다. 웃기떡이 만들어지면 편대 위에 떡을 괴는데, 먼저 기지떡을 5불로 괸 다음 그 위에 흰깨구리, 검은깨구리, 전, 조약 등으로 장식한다. 적은 이 집에서 '제물'이라 하는데, 적을 괼 때는 적틀의 맨 아래에 오징어포를 깔고 그 위에 고등어 · 상어 · 쇠고기 꼬치, 조기,

가송리 동제 안동간고등어 2004년 2012년 촬영

닭을 차례로 올린다.[59]

유교식 제사에만 안동간고등어가 오르는 것은 아니다.

안동시 도산면 가송리에는 공민왕의 따님을 모시는 부인당이 있다. 매년 음력 정월 14일 밤, 5월 단오날에 마을의 안녕을 위하여 동제를 지내는데, 이때도 간고등어가 제물로 오른다. 동제는 마을 사람들이 부인당으로 부르는 서낭당 앞에서 제물을 올리고, 제관과 함께 12진법 농악가락을 치면서 동제를 지낸다. 서낭당 마당 한켠에는 불을 피워 추위를 막음과 동시에 주민들과 인근 마을에서 찾아온 사람들이 모여서 이야기를 나눌 수 있는 공간을 만든다. 소지를 올리면서 동제를 마치는 시간이 되면, 제물로 가지고 온 간고등어를 구워 먹는다. 숫불을 꺼내서 돌을 솥으로 삼거나, 나무 막대를 석쇠로 삼아 고등어를 굽는데, 동제에 참여한 필자에게 주민은 "동제를 지내고 먹는 간고등어 맛은 다른 곳에서 먹는 간고등어와는 맛을 비교할 수 없다…"라고 이야기를 하면서 간고등어를 나누어 주었다. 그때 먹었던 고등어 맛을 잊을 수 없다.

안동지역에서 거행되는 문중 제사, 동제를 비롯한 민속적 의례에 제물로 혹은 음복으로 사용되는 안동간고등어는 안동에 와서 제 대접을 받는 증거이다.

왜 안동간고등어인가

전통사회 고등어를 염장한 곳이 안동지역만이 아닌데, 많은 사람들은 간고등어를 떠올리면 안동간고등어를 꼽는다. 이렇게 안동이 간고등어의 메카로 브랜드 힘을 확보한 까닭은 무엇일까?

배영동은 고등어가 생산되지 않은 안동이 간고등어 브랜드를 선점한 것에 대해 염장을 하지 않은 고등어를 먹을 수 없었던 지리적 조건을 꼽았다. 그리고 두

59 안동민속박물관, 『안동의 제사』, 2002.

번째로 안동지역에서 지내는 제사상에 간고등어가 올라가는 점, 세 번째로 안동의 접빈객 문화를 제시했다.[60] 세가지 요건 중 염장을 하지 않으면 고등어를 구경할 수 없는 지역이 안동만이 아니므로 보다 주목해야 할 것은 두 번째와 세 번째 요인이다.

1970년대 해산물 유통(소위 도매상)을 경영한 대원상회 김용원 또한 안동간고등어가 유명해진 이유로 안동지역의 제사문화를 꼽았다. 안동에서는 제사상에 안동간고등어를 올리기 때문에 제사가 많은 안동지역에서는 간고등어가 많이 소비될 수밖에 없다는 것이다. 그의 기억으로는 1970년대 일반적인 가정집도 연 10회 정도 제사를 지냈고, 큰집이나 문중을 대표하는 종가의 경우 연 2~30회 이상의 제사를 지냈다고 추정하였다. 그리고 이때마다 안동간고등어는 제사음식으로 구매되었다는 것이다. 해산물 유통의 오랜 경험을 가진 그는, 아침 일찍 시장에 오는 사람들 차림새를 보면 제사를 지내기 위하여 시장을 찾는 사람들과 그렇지 않은 사람들을 금방 구별할 수 있다고 한다. 제사를 지내기 위하여 시장에 오는 사람들은 일반적으로 가장 큰 간고등어를 사고, 그 양도 매우 많았다고 한다. 그래서 명절은 물론이고, 평일에도 안동간고등어는 늘 최고의 어물로 취급되었고, 그 구매력은 다른 지역에 비해 월등하였다.

그는 안동의 제사문화와 간고등어와의 관련성을 재차 강조하면서 "지금은 연간 지내는 제사가 많이 줄어서 이해하기 어렵겠지만…"이라고 전제하면서, 1990년대까지도 집안에서 모시는 제사가 정말 많았고, 그때마다 안동간고등어를 사 갔으니 당연히 안동간고등어가 유명해질 수밖에 없다는 것이다.

안동간고등어가 유명해진 또 하나의 요인으로 추가하고 싶은 것은 안동이 가진 문화의 힘이다. 한국을 대표하는 역사 문화도시 안동의 브랜드 파워가 안동간고등어를 만들었다는 것이다. 안동문화를 만들어 온 중심에는 사람이 있다. 즉 안동지역 사람들이 안동문화를 만들어왔다. 따라서 바다에서 어획된 고등어가

60 배영동, 「안동지역 간고등어의 소비전통과 문화상품화 과정」, 『비교민속학』 31, 비교민속학회, 2006, 101쪽.

안동에 와서 안동간고등어가 되고, 안동간고등어를 다시 내륙 깊숙한 김천까지 유통시킨 것은 결국 안동문화를 기반으로 하여 내륙으로 해산물을 유통한 상인들의 활동이라는 것이다.

어떤 문화가 유입되어도 안동만의 가치로 새롭게 포장하고 독창적으로 진화시키는 문화적 능동성과 실천성이 간고등어를 안동간고등어로 만들었다. 말하자면 고등어가 소금을 먹으면서 안동으로 왔고 안동문화가 양념으로 결합되면서, 다른 지역의 간고등어와는 완전히 차별되는 문화상품으로 다시 태어난 것이다. 다른 지역의 간고등어가 고등어와 소금 2박자의 기계적 결합이라면, 안동간고등어는 문화가 결합된 3박자 음악이며 타 간고등어가 식재료라면, 안동간고등어는 식문화이다.

09

IMF 파도를 넘은 안동간고등어

IMF 시기에 시작된 안동간고등어 상품화

안동사람들 삶에 맛을 더해 주었던 안동간고등어가 새롭게 주목받기 시작한 것은 한국사회에 IMF라는 먹구름이 드리웠을 때였다. 1990년대 말 우리시대의 아버지, 누나들이 거리로 내몰렸고, 구조조정과 파산, 자살자가 속출하였다. 빛이 보이지 않았다.

안동간고등어는 바로 이러한 사회적 배경을 뚫고 동해에서 내륙 안동으로 헤엄쳐 와서 비상한다.

육지의 해산물 상품

1998년 매일신문은 IMF 시기를 극복하기 위하여 "지역경제 살리기 캠페인"을 전개하기로 결심한다. 지역 기업체 후원을 약속받고 시작된 경제 살리기 캠페인은 이제까지 지역에서 주목받지 못했던 특산품을 현대적 감각으로 상품화하는 것이 취지였다. 그리고 주목한 것 중 하나가 안동간고등어였다.

당시 캠페인을 진행하면서도 많은 사람들은 "이것이 어떻게 상품이 되겠는가" 하는 의문이 뇌리를 떠나지 않았다고 한다. 특히 안동간고등어는 이미 안동시장에서 일상식이었고 새로운 상품으로써의 가능성은 보이지 않았다. 당시 캠페인 표제가 "니 안동간고등어 먹어봤나"였다.

그러나 캠페인이 진행되면서 안동간고등어를 취급하는 상점으로 안동간고등어 문의가 계속되었고, 뜻밖의 상황에 안동간고등어 상품화 논의가 시작되었다.

1998년 12월에 태화동 포장마차에 류영동, 최봉근, 권동순, 김기열, 김성연 등이 모인다. 안동간고등어 상품화의 시작이다. 최봉근과 권동순은 안동간고등어 캠페인과 관련된 취재를 직접 혹은 협력하면서 간고등어 상품화에 대해서 낙관하는 기자였고, 류영동은 사업을 통해 유통 경험을 가졌으며, 김성연과 김기열은 새로운 사업을 고민하는 과정에서 의기 투합 된 것이다.

논의된 안동간고등어 사업은 곧바로 실행에 옮겨졌다. 류영동, 최봉근이 실무와 사무 역할을 맡고, 신문기자 권동순은 사회적 협력과 관계망을, 김성연 등이 현장 업무를 주로 담당하였다.

당시 이들의 고등어에 대한 지식은 '고등어가 바다에서 난다'라는 것 뿐이었다. 그래서 그들이 처음 행동에 옮긴 것은 안동에서 가장 가까운 영덕 강구항을 찾아가 고등어가 어떻게 출하되는가를 보는 일이었다. 그런데 그들이 기대를 가지고 찾아간 영덕 강구항에는 고등어가 생산되지 않았다. 포항과 대구, 울산을 거쳐 부산에 가서야 마침내 고등어가 출하되는 현장을 확인할 수 있었다. 막연하게 이해한 간고등어 유통 현실을 경험하게 된 유익한 시간이었다.

시장을 찾아다니면서 부산에서 출하된 고등어가 안동으로 이동되고, 안동간고등어로 만들어져 다른 고장으로 판매되는 과정, 말하자면 바다에서 잡힌 고등어가 안동간고등어로 바뀌는 유통경로를 파악하게 되었다. 무모한 작업이었지만 몸으로 동해안을 헤메고 다닌 것은 이후 그들에게 안동간고등어 사업의 지침을 던져준 소중한 경험이었다.

부산에서 올라온 고등어가 모이는 신시장 해산물업체를 찾아가 고등어 가격이 어떻게 매겨지고, 상점으로 유통되는가를 세심하게 살피면서 고등어에 대한 지식을 넓혀갔다. 안동뿐만 아니라 영남지역에서 가장 큰 시장인 대구 칠성시장 등에서도 고등어 크기와 가격, 그리고 기타 관련된 정보를 수집하였다. 겨울부터 시작된 정보수집은 안동간고등어 제품 생산이 이루어진 이후에도 계속되었다.

그러나 간고등어 상품화 구상과 열정으로 시작했지만 금전적 대가가 나오지 않은 일을 지속한다는 것은 쉽지 않은 일이었다.

회사 "안동식품" 설립

바다에서 잡힌 고등어를 간고등어로 만든 간잽이의 영입은 안동간고등어를 상품화시키는 사업에서 매우 중요하였다. 싱싱함을 유지하면서도 안동간고등어만의 맛을 낼 수 있는 염장법이 사업의 핵심기술이었기 때문이다. 덧붙여 단순히 염장을 할 수 있는 사람이 아니라 오랜 삶의 연륜과 고등어에 대한 실천적 지식이 있고 이미지 또한 안동간고등어 상품에 부합되는 인물이어야만 했다.

그래서 만난 사람 40년 간잽이 이동삼이었다. 길안에서 태어난 그는 가난 때문에 어릴 때 안동읍내로 이주하였고, 안동중앙신시장에서 간 치는 일을 해왔기에 고등어와 바다 생물의 생리를 잘 아는 사람이었다. 그는 한때 간잽이로는 생업을 할 수 없어 다른 일들도 하였지만 결국 안동간고등어 회사를 만나면서 그가 본래 가지고 있었던 간잽이의 천직을 지속할 수 있게 된 것이다.

인적 구성이 이루어지고 1999년 7월에 "안동식품"이라는 회사를 창립하고 '안동간고등어'상품화에 나선다. 대표로 류영동, 상무 최봉근, 공장장에 이동삼, 회계경리로 권용숙, 공장에 손맵시가 좋은 여성 2인, 기타 김성연, 김기열이 사원으로 권동순은 외곽에서 회사를 지원하는 역할을 맡았다.

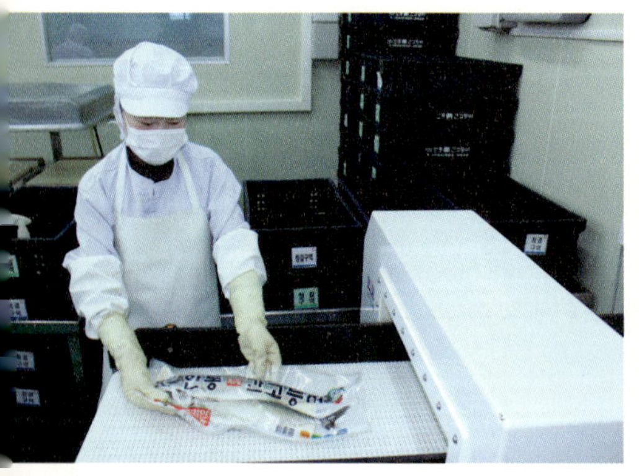

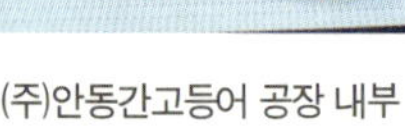

(주)안동간고등어 공장 내부

의욕적으로 만든 회사였고 주변의 관심도 대단하였지만 보기와는 다르게 회사 운영은 그리 만만한 것이 아니었다. 가장 큰 어려움은 역시 자금조달이었다. 자산을 확보하지 못한 상태에서 의욕과 구상만으로 시작하였기에 공장건설과 회사운영에 드는 재원을 확보하기란 쉽지 않았다. 직원들의 급여는 늘 부족했고, 참여한 직원들이 보수를 받지 못하는 기간이 늘어났다.

현대인 입맛에 맞춘 전통의 맛

안동간고등어는 전국적인 명성을 얻고 있었고, 이것을 경쟁력으로 안동간고등어 상품화를 도모하였지만, 이들이 간고등어 유통을 조사하면서 느낀 것은 현대 소비자들에게 맞는 제품이 되기 위해서는 전통적인 방법만으로는 부족하다는 사실이었다.

이들이 가장 먼저 고민한 것은 간고등어의 염도를 조절하고, 현대인들이 선호하는 안동간고등의 맛을 일정하게 유지하는 것이었다. 전통적인 안동간고등어는 염도가 지나치게 높았고, 지역별로도 싱겁고 짠 미각 차이가 컸다. 그래서 내부적으로 협의하여 최종적으로 수도권에 거주하는 사람들이 선호하는 염도로 기준을 잡았다.

택배가 발전하지 않았던 2000년대에는 택배로 고등어를 판매할 경우 이틀이나 3일 정도 후 소비자에게 전달되는데, 날씨와 운송상태에 따라 고등어가 부패하기 일쑤였다. 이것은 소비자에게 오히려 좋지 않은 이미지를 줄 수 있다고 판단하여 초기에는 택배 판매를 하지 않았다. 그러다가 지속적으로 시장 조사를 하던 중 진공포장이 신선도를 보다 오래 유지할 수 있다는 것을 알게 되었고, 바로 안동간고등어에 적용한다.

고등어에 간을 치고 나오는 '간수'도 문제였다. 외관상 좋지않은 이미지를 주기 때문에 이를 해소하기 위하여 초기에는 얇은 종이와 같은 나무를 고등어 아래

안동간고등어 공장 사진: 류종승

안동 간고등어
예미정

에 깔거나 기타 여러가지 방식으로 실험을 했고, 최종적으로 포장지와 함께 간수를 흡수하는 종이를 사용하였다. 포장박스 또한 간고등어가 움직이지 않으면서도 딱딱한 외부 자극에 견딜 수 있고 구매자가 선물용으로 줄 때의 만족감을 높일 수 있도록 규격화시켰다.

주 판매층인 주부의 거부감을 줄이기 위한 안동간고등어의 형태, 제품 선호도를 높일 수 있는 이미지를 위하여 마크와 포장 디자인, 택배가 가능한 제품 규격 등도 섬세하게 고민하고 구체화시켰다.

로고 디자인은 처음 신문 캠페인 로고를 그대로 사용하였지만, 안동이라는 이미지를 주기 위하여 하회탈춤 디자인을 삽입했다. 산학 협력을 독려하는 사회적 분위기에 편승해 안동과학대학 광고기획과와 MOU를 맺고 안동간고등어 캐릭터(마크)도 개발하였다.

처음 안동간고등어 상품은 부산에서 구입한 고등어를 간잽이 이동삼이 직접 한 마리 한 마리 간을 쳐서 생산하였다. 그리고 처음 출하된 안동간고등어 제품에 대한 홍보와 사전 반응을 알아보기 위하여 지역의 유관기관, 관련 인사, 백화점, 기타 소매업자 등에게 보내어 반응을 살폈다. 기대했던 것 이상으로 반응은 좋았고 이로 인하여 더욱 안동간고등어 제품화에 대한 확신을 가지게 된다. 방송, 언론에 지속적으로 보도되면서 안동간고등어는 안동의 새로운 특산명물로 자리를 굳혀갔다.

특히 명절 선물, 먹거리 상품으로 각광을 받으면서 폭발적인 주목을 받는다. 명절상품으로 각광 받은 것은 안동간고등어가 비교적 낮은 가격대의 명절 선물로 적당하였고, 또 일상으로 부담없이 먹을 수 있는 음식이었기 때문이다. 말하자면 서민들에게 적당히 고급스럽고, 전통적인 문화가치가 있으며, 맛있는 식품이 바로 안동간고등어였기 때문이다.

안동간고등어 상품이 만들어 진 후 다양한 판매처를 찾아서 전국을 다녔다. 당시로는 가장 대형마트인 E-마트를 용기있게 찾아갔고, 안동향우회, 기업체, 심지어는 종교계 등에도 적극적으로 안동간고등어를 알렸다.

그리고 그 결과 수도권에 안동간고등어 총판이 생기면서 전국 유통망의 첫 발을 디뎠다. 이후 군이 사업설명회를 하지 개최하지 않아도 안동간고등어 사업이 투자할 가치가 있다고 판단하는 사람들이 찾아왔다. 대구경북 총판을 비롯하여 지역 총판이 계속 늘어나면서 안동간고등어 소비가 늘어났고, 전국적인 인지도도 높아졌다.

문화로 만든 안동상품

안동식품을 발판으로 삼아 도약하기 시작한 안동간고등어는 새로운 회사 시스템을 고민하여 2000년 1월 10일 류영동, 최봉근을 공동대표로 권석순, 김성연, 김기열이 포함된 주식회사 '안동간고등어'를 설립하였다.

주식회사로 새로운 체제를 갖춘 안동간고등어는 생산시스템과 유통시스템으로 역할을 분담하고 새로운 창업체제로 나간다. 그리고 홍보전략으로 진행한 것이 간고등어 운송 재현프로그램인 "동해에서 챗거리까지"였다. 이 안동간고등어길 체험행사는 언론과 방송에 크게 주목받았고, 그 결과 안동간고등어는 한층 브랜드 가치가 높아졌나.

안동간고등어 상품화의 중요한 동반자가 안동국제탈춤페스티벌이다. (주)안동간고등어가 만든 상품은 안동국제탈춤페스티벌 공식지정상품으로 협력 마케팅을 진행하였고, 안동시의 다양한 문화행사에도 적극 참여하여 안동간고등어 이미지를 높여 나갔다.

안동간고등어 주역들은 "단기간 이렇게 많은 언론과 방송이 주목한 예는 없었다"고 자체 평가할 정도로 놀라운 관심을 받았다. 그들은 이 같은 현상이 "안동간고등어라는 식품 자체가 안동의 문화상품이기 때문이라는 점" 때문이라고 진단한다. 즉 안동간고등어에는 현대인들이 관심을 기울일 수 있는 '안동', '전통', '문화산업', '식품'이라는 요소를 갖추고 있었기 때문이라는 것이다. 말하자면 안동간고등어에는 "문화도시 안동에서 탄생한 상품", "전통의 현대화", "문화적 요소를 갖춘 식품", "간잽이의 삶이 녹아있는 음식" 등이 있다는 것이다.

한편 (주)안동간고등어가 상품을 만들어가는 과정에서 가장 어려웠던 점은 행정적 지원이었다. 바다가 없는 안동시가 해산물 행정을 할 이유가 없었고, 따라서 해산물인 고등어 상품을 다루는 부서가 없었기 때문이다.

다양한 간고등어가 사는 안동

안동간고등어가 대중적 관심을 받고 (주)안동간고등어는 회사의 규모를 키워간다. 유통회사를 만들고, 공장제 체계를 통해 대량생산 체계를 구축하고, 총판, 식당 프랜차이즈 등을 통해 판매 구조를 확대한다. 매출규모를 보면 2000년 24억에서 시작하여 300억을 넘기기도 하였다.

(주)안동간고등어 상품이 인기를 끌자, 안동간고등어를 생산하는 회사들이 속속 설립되면서 안동에서만 10여 개 이상의 기업이 안동간고등어를 생산한다. 안동에는 많은 간고등어가 살고 있는 것이다.

IO

안동간고등어, 식품과 상품을 넘어

간고등어는 내륙의 보편적 어물이다. 그러나 오직 안동간고등어만이 이름, 즉 브랜드를 가지고 있다. 이것은 안동간고등어가 안동에서만 가지는 그 무엇이 아니라 전국적이고 보편성을 가진 어물 중 탁월하고 대표적인 상품이라는 것을 말한다.

문화적으로 보면 안동간고등어는 제사상에 올리는 정성이 담긴 제물이며, 손님에게 대접하는 교감 식품이며. 어려웠던 IMF시기를 극복하는 희망의 안동문화상품이었다.

그러나 안동문화라는 큰 담론으로 보면 안동간고등어는 전통사회에서나 현대사회에서도 안동문화의 진정성과 창의성이 숙성시킨 결과물이다. 말하자면 안동간고등어는 소금을 먹은 고등어가 안동문화 속으로 들어왔을 때 어떤 의미로 각성되는지를 보여준다. 간고등어라는 보편문화를 받아들인 안동사람들이 어떻게 안동간고등어라는 창발적인 안동상품으로 진화시켰는가를 보여주는 사례인 것이다.

그래서 안동간고등어는 안동문화의 수월성을 보여줌과 동시에 창의적 미래를 위한 화두이기도 하다.

참고문헌

강중휘, 「영덕지역의 전통 자염 문화연구」, 『도서문화』 59, 도서문화연구회, 2022.
김수희 「일제시대 고등어업과 일본인 이주어촌」, 『역사민속학』 20, 한국역사민속학회, 2005.
김재완, 『19世紀末 洛東江流域의 鹽 流通 硏究』, 서울대학교 대학원 박사학위논문, 1999.
김홍석, 『우해이어보와 자산어보 연구』, 한국문화사, 2022.
박순화, 『안동간고등어』, 영남사, 2010.
배영동, 「안동지역 간고등어의 소비전통과 문화상품화 과정」, 『비교민속학』 31, 비교민속학회, 2006.
사윤수, "나의 살던 고향은〈63〉", 매일신문, 2012년 9월 22일.
안동대학교 민속학연구소, 『장터의 풍경이 생동하는, 안동 중앙신시장』, 민속원, 2024.
안동민속박물관, 『안동의 제사』, 2002.
____________, 『안동의 지명유래』, 2002.
안상학, 『남아있는 날들은 모두가 내일』, 걷는사람, 2020.
오상일, 『안동간고등어 한손』, 중소기업청, (사)안동간고등어생산자협회.
유경상, "안동으로 산 넘고 물 건너 달려온 신작로 이야기", 『경북in뉴스』, 2022년 12월 30일.
유안진, 『다보탑을 줍다』, 창비, 2004.
이근우 · 신명호, 「19세기 전후 낙동강 河口地域의 소금생산과 소금선운에 관한 연구」, 『인문사회과학연구』 9, 부경대학교 인문사회과학연구소, 2007.
이완섭 외, 『영덕사료집』, 영덕문화원, 2003.
전성천, 「낙동강 소금배」, 『현대문학』 11월호, 현대문학사. 1976.
정승모, 『시장의 사회사』, 웅진출판, 1992.
전우익, 『혼자만 잘 살믄 무슨 재민겨』, 현암사, 2011.
조정현, 「구舊와 신新의 역동적 변화와 소통, 안동 오일장」, 『안동학 연구』 14, 한국국학진흥원, 2015.
최성기, 『朝鮮後期 地方商業 硏究 -册街(챗거리) 魚物場을 중심으로-』, 영남대학교대학원 박사학위

논문.
최성환, 「일제강점기 청산도 고등어 어업의 실태와 영향」, 『서강인문논총』 50, 서강대학교 인문과학연구소, 2017.
최원준, "최원준의 음식 사람, 통영 욕지도 고등어(상)-고등어간독", 『국제신문』, 2020년 8월 4일.
한국해양문화연구원, 「경상북도 국가중요어업유산발굴 기본구상 연구보고서」, 2019.

한국고전종합DB(https://db.itkc.or.kr)

안 동
문 화
100선

●❸❸

안동간고등어

초판1쇄 발행 2025년 12월 10일

기 획 한국국학진흥원
글쓴이 권두현

주간 조승연
편집 디자인 오경희 · 조정화 · 오성현
신나래 · 박선주 · 정성희
관리 박정대

펴낸곳 민속원
펴낸이 홍종화
창업 홍기원
출판등록 제1990-000045호
주소 서울 마포구 토정로25길 41(대흥동 337-25)
전화 02) 804-3320, 805-3320, 806-3320(代)
팩스 02) 802-3346
이메일 minsokwon@naver.com
홈페이지 www.minsokwon.com

ISBN 978-89-285-2190-6
S E T 978-89-285-1142-6 04380